aller guten Dinge sind 3

pro Rezept nur
drei frische Zutaten

UMSCHAU

Carsten Dorhs   Jürgen Holz

aller guten Dinge sind 3

pro Rezept nur
drei frische Zutaten

UMSCHAU

Vorwort

„Viele Köche verderben den Brei" – so heißt es – und „viele Zutaten machen das Kochen manchmal kompliziert und vor allem zeitaufwendig", so behaupten wir.

Dies gilt sowohl für den Einkauf als auch für die Zubereitung. Aber gerade an der Zeit mangelt es heute bei Vielen. Aus diesem Grund haben wir, frei nach dem Motto „weniger is(s)t mehr", ein Kochbuch zusammengestellt, das einzelne Gericht-Bausteine vorstellt, für deren Zubereitung man maximal drei Zutaten einkaufen muss. Die restlichen Bestandteile finden sich in jeder Küche. Manch einer, der sich an diese unkomplizierten Rezepte wagt, wird überrascht sein, wie leicht man ohne viel Schnick-Schnack ein köstliches und nahrhaftes Essen zubereiten kann. Die Leidenschaft fürs Kochen und für gutes Essen kommt dabei voll auf ihre Kosten.

Die einzelnen Rezeptteile lassen sich je nach Geschmack und Anlass fantasievoll miteinander kombinieren. Bei der Seitengestaltung haben wir darauf Wert gelegt, dass direkt erkennbar ist, wie die Zutaten verarbeitet werden, sodass die Rezepte schnell erfasst und ohne langes Suchen und Lesen nachzukochen sind.

Zu jedem Rezept gibt es Tipps und Informationen, worauf man achten sollte und wie die Zubereitung noch besser klappt. Kleine Kochtopfanekdoten auf jeder Seite runden den Spaß mit diesem Kochbuch ab und machen Appetit auf mehr.

Aber jetzt wollen wir Ihre – wie wir ja wissen – knapp bemessene Zeit nicht weiter mit einleitenden Worten verschwenden und sagen:
„Auf die Töpfe, fertig, los: aller guten Dinge sind 3 – auch in der Küche!"

In 3-fach kochender Leidenschaft
Ihr

Carsten Dorhs   Jürgen Holz

Inhaltsverzeichnis

Vorwort 5

Snack
Bruschetta mit Romatomaten und Rucola 10
Gebratene Gambas mit Ingwer & jungem Knoblauch 12
Kartoffelrösti mit Beizlachs und Zitronen-Crème-fraîche 13
Kleine Kartoffeln mit Crème fraîche und Forellenkaviar 14
Mit Frischkäse gefüllte Zucchinirollen 16
Pizza-Muffins 18
Tempura von Gambas und Gemüse 20

Vorspeise
Avocado-Orangen-Salat mit gerösteten Pinienkernen 24
Champignons in Balsamico 26
Gurken-Dill-Salat mit Shrimps 28
Marinierte Paprika 30
„Rollmops" von der Rotbarbe 32
Rote-Bete-Salat in Schalotten-Himbeer-Vinaigrette 34
Salat von grünem Spargel mit gehobeltem Grana Padano 36

Suppe
Cappuccino von der Kartoffel mit Trüffelaroma 40
Gazpacho 42
Japanische Gemüsesuppe 44
Kürbiscremesuppe 46
Maronensuppe 48
Petersilienwurzelcreme 50
Suppe von Curry, Kokos und roten Linsen 52

Fisch
Gebackene Auster 56
Hummer im Korianderaroma gebraten 58
Lachs im Kartoffelspaghettimantel gebraten 60
Medaillons von Seezunge & Lachs 62
Thunfisch mit süßer Sojasauce und Lauchstroh 64
Wasabi-Lachs in Reispapier gebraten 66
Zander im Baconmantel gebraten 68

Geflügel
„Drum Sticks" mit Limone, Honig und Knoblauch 72
Involtini von der Putenbrust 73
Mit Honig und Sojasauce gelackte Entenbrust 74
Piccata von der Hähnchenbrust auf Tomatensugo 76
Saltimbocca von der Poularde 78
Tandoori-Poularde 80
Teriyaki-Spieße 82

Inhaltsverzeichnis

Fleisch
Gefüllte Kaninchenkeule in Aromaten gebraten	86
Gegrilltes Entrecôte in der Zitronengrasmarinade	88
Kalbsrückenscheiben in Salbei-Kapern-Butter gebraten	89
Gegrilltes Lammfilet auf Rosmarinspießen	90
Medaillons vom Rehrücken unter der Macadamianusskruste	92
Rinderlende im Baconmantel mit Rosmarinbutter	94
Satay vom Schwein	96

Sauce
Aïoli	100
Ananas-Salsa	101
Mangochutney	102
Rotweinschalotten	104
Rucolapesto	106
Scharfe Kräuterbutter	108
Süßsaurer Gurken-Chili-Dip	110

Gemüse
Dicke Bohnen in Thymianrahm	114
Karamellisiertes Sauerkraut	116
Wirsinggemüse	117
Eingelegte Karotten	118
Gemüsenudeln	120
Maisplätzchen	122
Mediterranes Gemüse	124

Beilage
Getrüffelter Maisgrieß (Polenta)	128
Haselnuss-Spätzle	130
Rosmarinkartoffeln	132
Rucolagnocchi	134
Safrannudeln	136
Serviettenknödel	137
Safranrisotto	138

Dessert
Crema catalana	142
Erdbeer-Limetten-Konfitüre	144
Erdbeeren in Balsamico-Vanille-Aroma	146
Gratinierter Ziegenfrischkäse mit Ahornsirup und gerösteten Pinienkernen	148
Karamellisierte Bananen mit Sesam und Limone	150
Mascarponecreme mit Maracujagelee	152
Mit Sternanis pochierte Birne	154

Menüvorschläge	156
Messerkunde	158
Küchenausstattung	160
Register	162
Basics	166

Snack

Bruschetta mt Romatomaten und Rucola	10
Gebratene Gambas mit Ingwer & jungem Knoblauch	12
Kartoffelrösti mit Beizlachs und Zitronen-Crème-fraîche	13
Kleine Kartoffeln mit Crème fraîche und Forellenkaviar	14
Mit Frischkäse gefüllte Zucchinirollen	16
Pizza-Muffins	18
Tempura von Gambas und Gemüse	20

Bruschetta mit Romatomaten und Rucola

15–20 Min.

8 Scheiben	**ital. Weißbrot**	goldgelb rösten
1 Zehe	Knoblauch	halbieren und das Brot damit einreiben
4	**Romatomaten**	Strunk entfernen, vierteln, Kerne entfernen und die Zungen in Würfel schneiden
½ Bd.	**Rucola**	putzen und mit den Tomaten in eine Schüssel geben
4 EL	Olivenöl	zufügen
	Salz & Pfeffer	würzen, alles vermengen und auf den Brotscheiben verteilen

■ **Tipp:** Die Kerne bzw. das Innenleben der Tomate für solche Gerichte immer entfernen. Das Innenleben ist sehr wässrig und die Kerne enthalten Bitterstoffe. Außerdem sind diese sehr ballaststoffreich und liegen schwer im Magen.

■ **Info:** Rucola, bei uns als Rauke bekannt, hat einen hohen Anteil an Senfölen. Daher auch der leicht scharfe Geschmack und eine weitere Ableitung des Namens: Ölrauke.

 **Weintipp:** Chianti D.O.C.G. Castello di Poppiano Schlossabfüllung, Toskana

Seit 1150 führt die Familie Guicciardini erfolgreich das Castello di Poppiano. Grundlage der Schlossabfüllung sind vollreife handgelesene Trauben. Dichte Struktur, Aromen von Schwarzkirschen und Schokolade. Ausdrucksstarker Charakter mit langem Finish.

Gebratene Gambas mit Ingwer & jungem Knoblauch

10–15 Min.

ca. 20	**Gambas**	putzen und gegebenenfalls noch den Darm entfernen
4 Zehen	**junger Knoblauch**	pellen und grob andrücken
1 kleine	**Ingwerknolle**	in dünne Scheiben schneiden
	Öl zum Braten	in einer Pfanne erhitzen, Zutaten anbraten und ca. 3 Minuten garen, mit
	Salz & Pfeffer	würzen

▪ **Tipp:** Zum Entfernen des Darms die Gambas auf der Außenseite mit einem kleinen Messer einschneiden, dann den dunklen/sandigen Darm herausnehmen und die Gambas gegebenenfalls nochmal abwaschen.

▪ **Info:** Beim Einkauf von Gambas darauf achten, ob es Salz- bzw. Süß- oder Kalt- bzw. Warmwassertiere sind. Bei Salz- bzw. Kaltwassergambas kann man in der Regel sicher sein, dass die Tiere nicht gezüchtet bzw. nicht behandelt wurden.

 **Weintipp:** Wither Hills Sauvignon Blanc Marlborough

Brent Marris baut im Herzen des wunderschön gelegenen Wairau-Valleys seine preisgekrönten Tropfen an. Der Wither Hills Sauvignon Blanc erhielt bereits mehrere Goldmedaillen und gilt in Fachkreisen als einer der besten Weißweine der Welt.

Kartoffelrösti mit Beizlachs und Zitronen-Crème-fraîche

ca. 20 Min.

2 große	**Kartoffeln**	waschen, schälen und reiben
1 EL	**Öl**	in einer großen Pfanne erhitzen und acht schöne Rösti goldgelb braten. Auf einem Küchenkrepp abtropfen lassen.
8 Scheiben	**Beizlachs**	schön formen und auf den Rösti anrichten
3 EL	**Crème fraîche**	und
1 Prise	Zitronenabrieb	miteinander verrühren, mit
	Salz & Pfeffer	würzen, den Lachs ebenfalls würzen
	Dill	zur Dekoration

Tipp: Um herauszubekommen, ob das Öl in der Pfanne auch die richtige Temperatur hat, ein Stückchen von der geriebenen Kartoffel in das Öl geben. Sobald kleine Bläschen aufsteigen, ist das Öl heiß genug und man kann die Kartoffeln darin braten. Sollte das Öl nicht heiß genug sein, saugen sich die Kartoffeln mit dem Öl voll.

Info: Der Ausdruck „unbehandelt" oder „ungespritzt" sagt nicht wirklich aus, ob Zitrusfrüchte beim Wachsen nicht gespritzt worden sind. Um ganz sicher zu sein, am besten Bioprodukte verwenden. Trotzdem sollte man sie immer warm abwaschen.

Weintipp: Vernaccia di San Gimignano D.O.C.G.
Teruzzi & Puthod
Toscana

Ein Wein vom Meister des Vernaccia di San Gimignano, Enrico Teruzzi. Der Duft reifer Birnen und Mandeln, gepaart mit einer mineralischen Note, verleiht dem Vernaccia Frucht und Eleganz. Jugendlich und spritzig mit guter Nachhaltigkeit.

Kleine Kartoffeln mit Crème fraîche und Forellenkaviar

ca. 10 Min. zzgl. 20 Min. Garzeit

20 neue kleine	**Kartoffeln**	waschen und in Salzwasser garen
½	Zitrone/Limone	Schale fein abreiben, mit
4 EL	**Crème fraîche**	in einer Schüssel vermengen und mit
	Salz, Pfeffer & Zucker	gut abschmecken
1 Glas	**Forellenkaviar**	Kartoffeln etwas einschneiden, Crème fraîche in die Öffnung geben und den Kaviar darauf verteilen

Tipp: Zwei Kartoffelsorten, die sich super für dieses Gericht eignen, sind „la Rate" oder „Bamberger Hörnchen".

Info: Angeblich ist die Kartoffel schon über 13.000 Jahre alt und stammt aus Südamerika. Im 16. Jahrhundert kam sie dann nach Europa. Weltweit werden jährlich über 300 Millionen Tonnen dieses leckeren Grundnahrungsmittels verarbeitet.

Weintipp: Ahr – Spätburgunder – Weißherbst
Private Selection Brogsitter
Qualitätswein, Trocken

Spritzig-frischer Weißherbst. Feines Aroma und fruchtige Struktur. Im Gegensatz zum Rosé darf der Weißherbst nur aus einer Rebsorte bestehen, wie hier Spätburgunder von der Ahr. Ein Gutswein mit viel Fülle, aus bestem Lesegut und besonderem Ausbau.

Mit Frischkäse gefüllte Zucchinirollen

ca. 25 Min.

1 Zehe	Knoblauch	zerdrücken,
1 TL frischer	**Thymian**	abkerben, grob klein schneiden und mit
5 EL	Olivenöl	in einer Schüssel vermengen
2 feste	**Zucchini**	der Länge nach in dünne Scheiben schneiden und in dem Gewürzöl marinieren. In einer Grillpfanne von einer Seite anbraten.
200 g	**Frischkäse**	Zucchinischeiben mit der Grillseite nach unten ausbreiten, je einen Löffel Frischkäse darauf verteilen, einrollen und mit
	Salz & Pfeffer	würzen, mit einem
	Zahnstocher	befestigen

▪ **Tipp:** Erst vor dem Servieren salzen, da die Zucchinirollen sonst anfangen zu „weinen", d.h. sie würden Wasser ziehen und dadurch matschig werden. Anstatt des Frischkäses passt auch Ziegenfrischkäse sehr gut.

▪ **Info:** Der Zucchino kommt ursprünglich aus dem asiatischen Raum. Es handelt sich hierbei um ein Kürbisgemüse. Zucchino aus dem Italienischen übersetzt bedeutet auch: „kleiner Kürbis".

Weintipp: Baron de Rothschild Berger Baron Blanc A.O.C. Bordeaux

Intensiver Duft, fruchtige Aromen, sehr frisch im Geschmack – idealer Begleiter leichter Küche. Schön erfrischend präsentiert sich der weiße Berger Baron mit zitronigen Aromen. Das feine Finish spiegelt einen wundervollen ausgewogenen Jahrgang wider.

Pizza-Muffins

ca. 25 Min. zzgl. 20 Min. Backzeit

200 ml	Milch,	
4 EL	Olivenöl,	
2	Eier,	
2 Prisen	Kräuter der Provence	und
2 Prisen	Salz	miteinander verquirlen
2 TL	Trockenhefe	mit
360 g	Mehl	vermengen, Milchmasse zufügen, gut verkneten und ruhen lassen
10	**Oliven** ohne Steine	vierteln
100 g	**Salami**, am Stück	in kleine Würfel schneiden
100 g	**Grana Padano**, am Stück	grob reiben, mit Oliven und Salami zu dem Teig geben und gut vermengen. In eine gemehlte Muffinformen füllen, wieder gehen lassen und im Ofen bei 180 °C gut 20 Minuten backen.

▪ **Tipp:** Eine Silikonbackform muss vorher nicht gemehlt oder eingefettet werden. Das beste Backergebnis bekommt man mit Ober- und Unterhitze. Bei Umluft trocknet der Teig schneller aus und die Hefe geht nicht so schön auf.

▪ **Info:** Muffins stammen ursprünglich wohl aus England und wurden durch Auswanderer dann in den USA populär. Wenn man versuchen würde den Namen ins Deutsche zu übersetzen, würde der Ausdruck „kleiner Kuchen" am besten passen.

 **Weintipp:** Ahr – Spätburgunder
Private Selection Brogsitter
Qualitätswein, Trocken

Beste Reben, exzellenter Ausbau und lange Reife ergeben einen eleganten Spätburgunder. Mit intensivem Bukett und rubinroter Farbe ein Gutswein von außergewöhnlichem Potential. Prämiert als „sehr gut" vom GAULT MILLAU und Silbermedaille der Landwirtschaftskammer.

Tempura von Gambas und Gemüse

ca. 15 Min.

12	**Gambas**	putzen und trocken legen
8	**Shiitake**	putzen und halbieren
1 Bd.	**Frühlingslauch**	putzen, waschen und halbieren
1	Eiweiß	verquirlen,
100 ml	Eiswasser	zufügen und
150 g	Stärke	unterrühren
	Öl zum Ausbacken oder für die Fritteuse	auf 160–170 °C erhitzen. Nacheinander Gambas, Pilze und Frühlingslauch durch den Ausbackteig ziehen und goldgelb ausbacken. Auf einem Küchenkrepp trocken legen.
	Salz	würzen

Tipp: Pilze sollten, wenn möglich, nicht gewaschen werden, da sie sich sofort mit Wasser vollsaugen und so ihren Geschmack verlieren. Zum Säubern am besten mit einem Küchenkrepp bzw. einem Pinsel abreiben oder gegebenenfalls abziehen/schälen.

Info: Shiitake ist für mich einer der leckersten Pilze. Er stammt aus dem asiatischen Raum und wird heute wie andere Pilzsorten gezüchtet. Der Name „Shii" bedeutet Baum und „Take" Pilz, also „Baumpilz".

Weintipp: Sauvignon Blanc
Viña Valdivieso, Chile

Ein frischer Weißwein aus den Tälern der Anden. Der charaktervolle Sauvignon mit vollendeter Frucht ist wirklich etwas Besonderes. Schönes Bukett, erfrischend sauber und sanft. Ein gelungener interessanter Vertreter der chilenischen Weinkunst.

Vorspeise

Avocado-Orangen-Salat mit gerösteten Pinienkernen	24
Champignons in Balsamico	26
Gurken-Dill-Salat mit Shrimps	28
Marinierte Paprika	30
„Rollmops" von der Rotbarbe	32
Rote-Bete-Salat in Schalotten-Himbeer-Vinaigrette	34
Salat von grünem Spargel mit gehobeltem Grana Padano	36

Avocado-Orangen-Salat mit gerösteten Pinienkernen

25–30 Min.

3 EL	**Pinienkerne**	in einer Pfanne ohne Öl goldgelb rösten
1	Zitrone	auspressen und den Saft in einer großen Schüssel auffangen
1–2 EL	Honig	dazugeben und mit einem Schneebesen gut verquirlen
2	**Orangen**	oben und unten je eine Scheibe abschneiden, sodass sie gut stehen bleiben. Nun mit einem Messer gegen den Uhrzeigersinn gründlich schälen. Die Filets mit einem kleinen Messer zwischen den Trennhäuten auslösen (filetieren) und in der Schüssel auffangen.
2–3	**Avocados**	halbieren und den Kern herausnehmen. Mit einem Löffel das Avocadofleisch bis auf einen schmalen Rand aus der Schale lösen und in mundgerechte Stücke schneiden. Mit in die Schüssel geben und etwas ziehen lassen.
	Salz & Pfeffer	würzen und beim Servieren die Pinienkerne darüberstreuen.

■ **Tipp:** Geschälte Pinienkerne, so wie sie in der Regel eigentlich immer in den Handel kommen, können sehr leicht ranzig werden. Deswegen am besten kühl lagern.

■ **Info:** Avocados zählen zu den Lorbeergewächsen. Der Avocadobaum ist aber der Einzige von ihnen, der Früchte trägt. Sie werden in der Regel nicht ganz reif geerntet. Sollten sie noch zu hart sein, einfach in Zeitungspapier einwickeln und noch etwas liegen lassen.

 **Weintipp:** Weißburgunder
Private Selection Brogsitter
Qualitätswein, Trocken

Ein reintöniger, fruchtiger, vollmundiger Weißburgunder. Im Finish lang anhaltend, mit ausgewogener Struktur. Die Private Selection vereint Frische und Harmonie im Geschmack, besitzt Stil und Charme. Ein kompetenter und angenehmer Essensbegleiter.

Champignons in Balsamico

ca. 20 Min.

400 g	**Champignons**	putzen und vierteln
2 EL	Öl	erhitzen und die Pilze darin anbraten
2	Schalotten	und
1 Zehe	Knoblauch	pellen, in Würfel schneiden, ins Öl geben und etwas angehen lassen,
2 TL	**Honig**	zufügen und etwas einkochen lassen, mit
100 ml	**Balsamico**	ablöschen und fast verkochen lassen, mit
	Salz & Pfeffer	würzen

Tipp: Es ist sehr wichtig den Balsamico verkochen zu lassen. Sonst schmecken die Pilze zu sauer. Beim Ablöschen die Nase nicht in die Pfanne halten, da die ganze Säure nach oben steigt.

Info: Balsamicoessig wird aus Traubenmost gewonnen, der unter anderem am Anfang auch etwas eingekocht wird. Dadurch und durch die lange Lagerung wird er auch so zähflüssig. Die Farbe stammt von der Lagerung in verschiedenen Holzfässern.

Weintipp: Grauburgunder
Spätlese, Trocken
Brogsitter, Rheinhessen

Edle Spätlese aus Brogsitters eigener Privatkellerei. Die Grauburgunder-Rebe stellt höchste Ansprüche an Mostgewicht und Qualität der spätgelesenen Trauben. Ein beeindruckender kraftvoller Tropfen mit deutlichem Burgunder-Aroma und fester Struktur.

Gurken-Dill-Salat mit Shrimps

ca. 25 Min.

2	**Salatgurken**	schälen, halbieren und die Kerne entfernen. In kleine Würfel schneiden. Diese in kochendem Salzwasser ca. 5 Sekunden blanchieren und sofort in Eiswasser abkühlen.
1 Bd.	**Dill**	zupfen, fein schneiden und mit
3 EL	Essig	in einer Schüssel verrühren
1 TL	Senf,	
	Salz, Pfeffer & Zucker	und
6 EL	Rapsöl	dazugeben und verquirlen. Gurken damit marinieren.
400 g	**Shrimps** (Büsumer)	zuerst den Salat in einem Glas anrichten und dann die Shrimps darüber verteilen

■ **Tipp:** Ein Bund Dill für dieses Rezept ist wichtig. Den Dill, wenn möglich, auch nicht waschen, da er dadurch viel Aroma verliert. Und nicht hacken, sondern schneiden, sonst wird er matschig und bitter.

■ **Info:** Bei Vinaigrette oder Dressing ist es wichtig, immer zuerst die Gewürze zusammen mit dem Essig zu verrühren, bis diese sich auflösen. Jetzt erst das Öl unterrühren. Würde man das Öl schon am Anfang mit dazugeben, würden die Gewürze davon umschlossen werden. Dadurch würden sie sich schlechter auflösen und kaum ihre Aromen abgeben.

Weintipp: Riesling Classic
Qualitätswein
Brogsitter, Rheinhessen

Riesling Classic steht für die Qualität trocken bis feinherb. Sehr verspielt-schlanker Charakter. Zarte mineralische Anklänge. Am Gaumen vielschichtig und nuancenreich mit exzellenter Frucht-Säure-Balance. Ein Parade-Riesling mit Rasse und Klasse!

Marinierte Paprika

ca. 30 Min.

4 rote	**Paprika**	vierteln, Kerngehäuse entfernen und mit der Hautseite nach oben auf ein Blech/Gitter legen. Im Ofen mit Oberhitze so lange garen, bis die Haut Blasen wirft bzw. gut Farbe bekommt. Etwas abkühlen lassen und Haut abziehen.
1 Zehe	Knoblauch	halbieren und Teller damit einreiben. Paprika darauf verteilen, mit dem Saft
½ kleinen	**Zitrone**	und
5 EL	Olivenöl	beträufeln
	Grana Padano	darüberhobeln
	Salz & Pfeffer	würzen

■ **Tipp:** Falls es mit dem Abziehen der Paprika nicht schnell genug vorangehen sollte, diese mit einem feuchten Tuch bedecken, sonst wird die Schale zu schnell trocken und lässt sich dann nicht mehr so einfach abziehen.

■ **Info:** Knoblauch ist sehr lecker, oft hat man aber auch länger etwas davon. Aus diesem Grund auch die Idee, den Teller nur damit einzureiben bzw. zu parfümieren. So verteilt man nur die ätherischen Öle auf dem Teller. Der meiste „Geruch" ist angeblich im grünen Keim. Man sollte Knoblauch nicht hacken oder mit einer Knoblauchpresse pressen, da er sonst bitter wird. Am besten immer klein schneiden.

Weintipp: Müller-Thurgau „Edition Meissen"
Weinhaus Prinz zur Lippe
Qualitätswein, Trocken

Schloss Proschwitz ist Sachsens ältestes, mehrfach prämiertes Weingut. Nach den Richtlinien des „kontrolliert umweltschonenden Weinbaus" entstand auch die „Edition Meissen": feinherber Muskatton, lebhaft duftende Zitrusnote, filigran, frisch und überzeugend.

„Rollmops" von der Rotbarbe

ca. 35 Min.

8 küchenfertige	**Rotbarben**	
8	Zahnstocher	Fische rollen, damit aufspießen und in ein hitzebeständiges Einmachglas geben.
1 große	Zwiebel	pellen und in Streifen schneiden
3 Stängel	**Dill**,	
50 ml	Weißweinessig,	
100 ml trockener	Weißwein,	
1 Prise	Salz, Pfeffer & Zucker,	
2	Nelken & Lorbeerblätter	und
1 TL	**Senf**	zusammen aufkochen. Sofort in das Einmachglas füllen, etwas ziehen lassen und über Nacht in den Kühlschrank stellen.

■ **Tipp:** Die Flüssigkeit sollte unbedingt heiß zu den Fischen gegeben werden, da diese noch gegart werden müssen. Das Glas sollte dann auch nicht zu heiß in den Kühlschrank gestellt werden, da sonst eine „Kaltfront" und eine „Heißfront" aufeinandertreffen und Lebensmittel dadurch umkippen bzw. sauer werden können.

■ **Info:** Rotbarben oder Meerbarben haben keine Galle. Sie eignen sich somit auch gut zum Grillen und können im Ganzen serviert bzw. auch verzehrt werden.

 **Weintipp:** Riesling Hochgewächs
Ockfener Scharzberg
Private Edition Brogsitter
Qualitätswein, Trocken

Schieferböden in Steillagen bieten beste Voraussetzungen für erstklassigen Riesling. Das besondere Qualitätsmerkmal „Hochgewächs" wird dennoch selten erreicht. Sortenreinheit, fruchtige Säure und fulminante Bukettstoffe verleihen ihm Rasse und Klasse.

Rote-Bete-Salat in Schalotten-Himbeer-Vinaigrette

ca. 15–20 Min.

2 rote	**Zwiebeln**	pellen, in kleine Würfel schneiden und mit
50 ml	Rapsöl	in einer Pfanne angehen lassen
30 g	Zucker	zufügen und etwas karamellisieren, mit
60 ml	**Himbeeressig**	ablöschen und einmal aufkochen
400 g gekochte	**Rote Bete**	würfeln und die warme Vinaigrette zufügen
	Salz	würzen und etwas ziehen lassen

■ **Tipp:** Vorgekochte und vakuumierte Rote Bete ist eine super Erfindung. Wer schon mal selber welche gekocht hat, weiß warum. In der Regel ist sie ohne Konservierungsstoffe, gekühlt zudem sehr lange haltbar.

■ **Info:** Rote Bete ist reich an Vitaminen und Mineralstoffen und daher sehr zu empfehlen. Enthält aber auch häufig viel Nitrat.

Weintipp: Beaujolais Villages „La Vigneronne" A.O.C. Bouchard Aîné, Burgund

Typischer Beaujolais Villages. Die handverlesenen Gamay-Trauben stammen ausschließlich aus den besten Dorflagen (Villages) des Beaujolais. Die Burgunder des Traditionshauses Bouchard Aîné & Fils begeistern Weinfreunde auf allen Kontinenten.

Salat von **grünem Spargel** mit gehobeltem **Grana Padano**

20–25 Min.

2 Bd. grüner	**Spargel**	putzen und in kochendem Salzwasser bissfest garen. Sofort in Eiswasser abkühlen und trocken legen.
½	Zitrone	auspressen, mit
1 Prise	Zucker	verquirlen, mit
	Salz & Pfeffer	würzen
50 ml	**Olivenöl**	unterrühren, Spargel marinieren und anrichten
80 g	**Grana Padano**	darüberhobeln

■ **Tipp:** Beim Spargel das holzige Ende abschneiden und gegebenenfalls am unteren Ende noch etwas schälen. So gart der Spargel auch gleichmäßiger, da das Wasser besser eindringen kann. In das Kochwasser etwas Zucker geben. Keine Zitrone, sonst kann der Spargel grau werden.

■ **Info:** Die Spargelzeit endet offiziell am 24. Juni (Johannistag). Als Bauernregel sagt man auch „Kirschen rot – Spargel tot".

 **Weintipp:** Weißburgunder Bassgeige
Franz Keller, Baden
Qualitätswein, Trocken

Das Weingut Franz Keller steht für hervorragende Weine, die sich in Top-Restaurants auf der Weinkarte finden. Der Weißburgunder reift lange auf der Feinhefe zu einem komplexen und sehr rassigen Tropfen. Ein frischer animierender Wein vom Kaiserstuhl.

Suppe

Cappuccino von der Kartoffel mit Trüffelaroma	40
Gazpacho	42
Japanische Gemüsesuppe	44
Kürbiscremesuppe	46
Maronensuppe	48
Petersilienwurzelcreme	50
Suppe von Curry, Kokos und roten Linsen	52

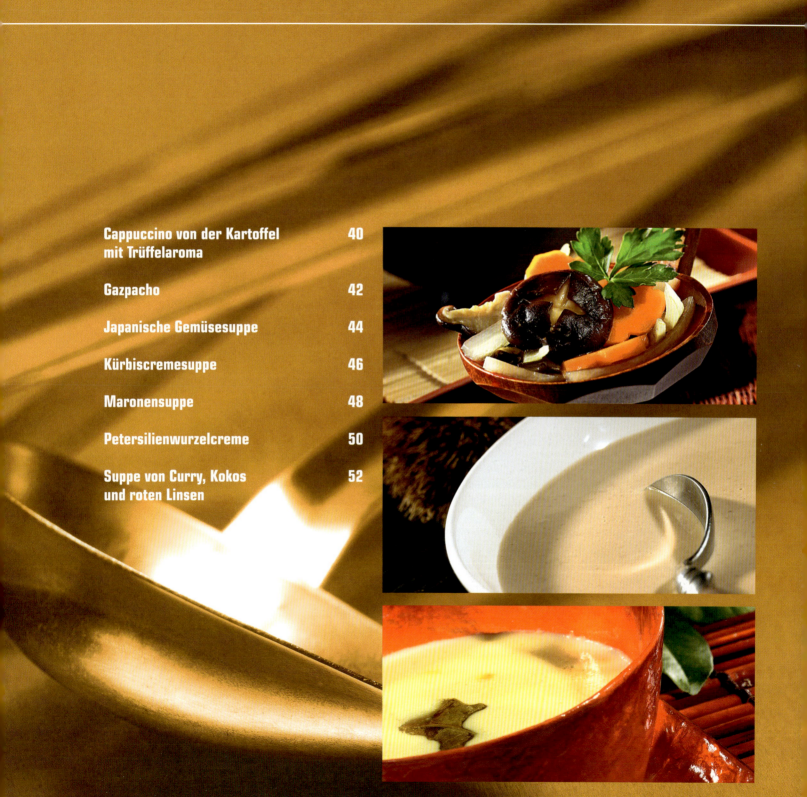

Cappuccino von der Kartoffel
mit Trüffelaroma

ca. 35 Min.

2	Zwiebeln	pellen und in Würfel schneiden, mit
30 g	Butter	in einem großen Topf goldgelb angehen lassen
200 g	**Kartoffeln**	waschen, schälen, in Würfel schneiden und zufügen
500 ml	Brühe	dazugeben und die Kartoffeln weich kochen
300 ml	**Sahne**	zufügen, einmal aufkochen und mixen, mit
4–6 Tropfen	**Trüffelöl**	und
	Muskatnuss	würzen
150 ml	Milch	erhitzen und dabei cremig aufschlagen

Idee für Einlage: gerösteter Bacon

■ **Tipp:** Für die Suppe am besten mehligkochende Kartoffeln verwenden. Durch den höheren Stärkeanteil wird die Suppe sämiger.

■ **Info:** Beim Aufschlagen des Milchschaumes darauf achten, dass die Milch nicht zu heiß wird, da das Eiweiß bei ca. 60°C gerinnt. Durch den höheren Fettanteil lässt sich 3,5%ige Milch am besten aufschlagen. Die Milch sollte am Anfang kühlschrankkalt sein.

Gazpacho

ca. 40 Min.

2	Zwiebeln	und
2 Zehen	Knoblauch	pellen und klein schneiden,
3 rote	**Paprika**	waschen, putzen und würfeln und mit
2 EL	Olivenöl	in einem großen Topf gut angehen lassen
2 Prisen	Kräuter der Provence	kurz mit angehen lassen
300 ml	Gemüsebrühe	zufügen und alles weich köcheln. Mixen, passieren und kalt stellen.
400 g	**Tomaten**	waschen, putzen und klein schneiden,
450 g	**Salatgurke**	schälen, längs halbieren, Kerne mit einem Löffel entfernen und klein schneiden,
80 ml	Olivenöl	und
10 ml	Balsamico	dazugeben und im Mixer fein pürieren. Gegebenenfalls noch durch ein gröberes Sieb passieren.
	Salz, Cayenne & Zucker	würzen
		Idee für Einlage: Pesto

■ **Tipp:** Die Suppe sollte nicht zu lange gemixt werden. Sonst kann es passieren, dass sie durch die zermixten Tomatenkerne einen etwas bitteren Geschmack bekommt.

■ **Info:** Tomaten sollten nicht im Kühlschrank gelagert werden, da sie dort an Aroma verlieren. Also am besten immer frisch verarbeiten.

Japanische Gemüsesuppe

ca. 40 Min.

150 g	**Rettich**	putzen, erst in Scheiben und dann in Streifen schneiden
80 g	**Möhren**	schälen, in Scheiben und dann in Streifen schneiden
4	**Shiitake**	putzen und in Scheiben schneiden
1	Zwiebel, klein	pellen und in Streifen schneiden
2 EL	Öl	in einem Topf erhitzen und die Zwiebeln darin angehen lassen, mit
700 ml	Gemüsebrühe	ablöschen und restliches Gemüse zufügen, mit
4 EL	Sojasauce	und
1 Prise	Zucker	würzen. Aufkochen lassen und dabei den Schaum mit einer Kelle entfernen. Gut 10 Minuten simmern lassen.
	Kartoffelstärke	mit etwas Wasser anrühren und die siedende Suppe etwas binden

Idee für Einlage: Tofuwürfel oder Geflügel

■ **Tipp:** Was im asiatischen Raum sehr oft gemacht wird, eigentlich auch superlogisch und nachvollziehbar, ist die Zugabe von einer Prise Zucker an fast jedes Gericht. Wie bei der Prise Salz bei Süßspeisen, wird dadurch der Geschmack noch mehr abgerundet.

■ **Info:** Eine japanische Gemüsesuppe wird gerne zu Sushi gegessen und nicht, wie bei uns in Europa, als Suppe davor.

Kürbiscremesuppe

ca. 40 Min.

1	Zwiebel	schälen, klein schneiden und mit
50 g	Butter	zusammen in einem Topf angehen lassen.
400 g	**Muskatkürbis**	und
100 g	**Mango**	schälen, entkernen, in Würfel schneiden und zufügen
1 TL	Curry	kurz mit angehen lassen
1 Schuss	Weißwein	ablöschen und verkochen lassen
600 ml	Gemüsebrühe	auffüllen und köcheln lassen, bis der Kürbis weich ist
200 ml	**Sahne**	zufügen und einmal aufstoßen lassen
	Salz, Muskat	würzen und die Suppe fein mixen
		Idee für Einlage: gebratene Blutwurst

▪ **Tipp:** Die besten Sorten für eine Kürbissuppe sind Hokkaido- und Muskatkürbis. Am besten immer den ganzen Kürbis verarbeiten und falls, wie so oft, noch zu viel überbleibt, diesen für die nächste Suppe einfrieren.

▪ **Info:** Der Weißwein hebt durch seine Säure den Geschmack der Suppe an. Wichtig ist es den Wein gut verkochen zu lassen, da die Suppe sonst zu sauer schmeckt und die Sahne gerinnen kann. Gut verkochen bedeutet: Soweit verkochen lassen, bis keine Flüssigkeit mehr da ist. Aber Vorsicht, dass nichts anbrennt.

Maronensuppe

ca. 25 Min.

1	Zwiebel	pellen, in Würfel schneiden und mit
30 g	Butter	zusammen in einem großen Topf anschwitzen.
200 g geschälte	**Maronen**	grob klein schneiden und zufügen
1 EL	Zucker	zufügen und karamellisieren lassen, mit
50 ml	Weißwein	ablöschen und verkochen lassen
400 ml	Brühe	auffüllen und gut 30 Minuten köcheln lassen
300 ml	**Sahne**	zufügen, aufkochen lassen und fein mixen
2 cl	**Amaretto**	und
	Salz & Muskatnuss	abschmecken
		Idee für Einlage: Hasenfilet

▪ **Tipp:** Maronen am besten schon geschält und vakuumiert kaufen. Sie sparen sich einiges an Arbeit und die Qualität ist für eine Suppe echt in Ordnung. Falls Sie frische haben sollten, diese kreuzweise einschneiden und für etwa 1 Minute in die Mikrowelle geben oder gut 20 Minuten bei 200 °C in den Ofen.

▪ **Info:** Maronen gehören zu den Nüssen. Sie haben im Vergleich zu Esskastanien ein stärkeres Aroma.

Petersilienwurzelcreme

30–35 Min.

2	Zwiebeln	pellen, in Würfel schneiden und mit
30 g	Butter	zusammen in einem großen Topf angehen lassen.
200 g	**Petersilienwurzel**	waschen, schälen, klein schneiden und mit angehen lassen
400 ml	Brühe	ablöschen und gut 20 Minuten köcheln lassen
250 ml	**Sahne**	und
50 g	**saure Sahne**	zufügen, aufkochen und fein mixen
	Salz & Muskatnuss	würzen

Idee für Einlage: Aal

▪ **Tipp:** Falls Sie keine Petersilienwurzel bekommen, kann man alternativ auch Pastinake verwenden, die aber nicht so aromatisch ist.

▪ **Info:** Petersilienwurzeln sind ein typisches und sehr leckeres Wintergemüse und kommen ab Oktober auf den Markt. Sie schmecken etwas süßlich.

Pastinake kann man auch roh verzehren. Beide Gemüse können sonst auch wie Möhren verarbeitet werden.

Suppe von Curry, Kokos und roten Linsen

ca. 25 Min.

2	Zwiebeln	pellen, in Würfel schneiden und mit
1 TL	Öl	zusammen in einem großen Topf angehen lassen.
½ TL	Curry	zufügen, kurz angehen lassen, mit
300 ml	Geflügelbrühe	ablöschen
100 g	**Rote Linsen**,	
400 ml	**Kokosmilch**	und
3	**Zitronenblätter**	zufügen und gut 10 Minuten köcheln lassen.

Idee für Einlage: Gambas

■ **Tipp:** Falls Sie keine Zitronenblätter (Kaffirblätter) bekommen, können Sie zur Not auch etwas Zitronenschale in die Suppe reiben. Die Blätter werden, wie Lorbeerblätter, nachher nicht mitgegessen.

■ **Info:** Kokosmilch gibt es gesüßt und ungesüßt zu kaufen. Für die Suppe sollte es die ungesüßte sein und, wenn machbar, auch eine ohne Konservierungsstoffe. Kokosmilch hat mit Milch eigentlich nichts zu tun, da sie nur aus dem gepressten Fruchtfleisch der Kokosnuss besteht.

Gebackene Auster	**56**
Hummer im Korianderaroma gebraten	**58**
Lachs im Kartoffelspaghettimantel gebraten	**60**
Medaillons von Seezunge & Lachs	**62**
Thunfisch mit süßer Sojasauce und Lauchstroh	**64**
Wasabi-Lachs in Reispapier gebraten	**66**
Zander im Baconmantel gebraten	**68**

Gebackene Auster

ca. 20 Min.

4	**Austern**	vorsichtig öffnen und aus der Schale lösen
3 Stängel	**Petersilie**	zupfen und klein schneiden
2 Scheiben	**Toast**	im Mixer zusammen mit der Petersilie fein mahlen
1	**Ei**	in einer Schüssel verquirlen
2 EL	**Mehl**	die abgetropfte Auster erst in Mehl wenden, dann durch die Eimasse ziehen und mit Toast panieren.
2 EL	**Butter**	in einer Pfanne erhitzen und die Austern darin von beiden Seiten goldgelb braten.

■ **Tipp:** Beim Öffnen der Austern unbedingt mit einem Austernmesser arbeiten und dabei auch sehr vorsichtig vorgehen.
Anstatt des frischen Toastbrotes kann man auch mit Semmelbrösel arbeiten, dann werden die Austern aber nicht ganz so lecker.

■ **Info:** Eine alte Weisheit besagt, dass Muscheln immer nur in Monaten mit „r" am Ende gegessen werden sollten. Grund hierfür waren früher, unter anderem, die nicht vorhandenen Kühlmöglichkeiten in den Sommermonaten. Dadurch verdarben gerade Produkte mit hohem Eiweißanteil sehr schnell.

■ **Zu diesem Rezept passen auch:**
Aïoli (S. 100), Süßsaurer Gurken-Chili-Dip (S. 110)

Weintipp: Chablis A.O.C.
Olivier Tricon, Burgund

Die besondere Entdeckung vom mehrfach ausgezeichneten Winzer Olivier Tricon. Dieser Chablis verdankt seinem Boden (ton-kalkhaltiger Mergel) die unnachahmliche Qualität und Leichtigkeit. Volle frische Aromen geben dem Wein Eleganz und anhaltenden Geschmack.

Hummer im Korianderaroma gebraten

ca. 15 Min.

2	**Hummer** (à 600 g)	gegebenenfalls noch 3 Minuten in kochendem Salzwasser garen. Sofort in Eiswasser abkühlen. Schwanz halbieren und Darm entfernen. Scheren ausbrechen.
1 Stängel	**Koriander**	und
3 Stängel	**Blattpetersilie**	zupfen und klein schneiden
1 Zehe	Knoblauch	pellen und in kleine Würfel schneiden
2 EL	Butter	in einer Pfanne erhitzen, Hummer zufügen und etwas Farbe nehmen lassen. Kräuter und Knoblauch dazugeben und alles in der Pfanne vermengen.
	Salz & Pfeffer	würzen

■ **Tipp:** Die halbierten Schwänze unbedingt in der Schale lassen und auf der Schalenseite zuerst in der Pfanne anbraten (eine Minute auf jeder Seite). Dadurch bleibt das Fleisch saftiger.

■ **Info:** Knoblauch wird bitter, wenn er zu lang, stark oder scharf angebraten wird. Den Knoblauch lediglich etwas angehen lassen, damit er sein Aroma richtig entfalten kann.

■ **Zu diesem Rezept passen auch:**
Scharfe Kräuterbutter (S. 108), Rucolagnocchi (S. 134)

 **Weintipp:** Pouilly-Fumé
Baron de L, A.O.C.
Loire, de Ladoncette

Baron de L – der weltweit gefragteste Loire-Wein. Baron Patrick de Ladoucette hat es sich mit diesem Pouilly-Fumé zur Aufgabe gemacht, Liebhaber der besten trockenen Weißweine zu verzaubern. Das ist ihm gelungen: Entstanden ist ein wahrer Kultwein.

Lachs im Kartoffel-spaghettimantel gebraten

ca. 20 Min., zzgl. 1 Std. Marinierzeit

500 g	**Lachsfilet**	gegebenenfalls portionieren, Gräten ziehen, Tran sowie Bauchlappen abschneiden
4 EL	**Teriyakisauce** ideal für Fisch	Fisch darin gut 1 Stunde marinieren
2 große	**Kartoffeln**	gründlich waschen, schälen und mit dem Gemüse-spaghettischneider in dünne Fäden drehen
	Öl zum Braten	Lachs in einer Pfanne von beiden Seiten gute 2 Minuten goldgelb garen. Trocken legen.
	Salz & Pfeffer	würzen

■ **Tipp:** Zum Braten am besten eine beschichtete Pfanne verwenden, da die Kartoffeln sonst gerne kleben bleiben. Die Kartoffelspaghetti auch nur einmal wenden, wenn sie goldgelb sind.

■ **Info:** Teriyaki ist eine fertige japanische Würzsauce auf Sojasaucenbasis. Man munkelt, dass die Idee für Maggi auch von der Sojasauce abstammen soll.

■ **Zu diesem Rezept passen auch:**
Mangochutney (S. 102), Eingelegte Karotten (S. 118)

 **Weintipp:** Sancerre Rosé A.O.C.
Domaine des Vieux Pruniers
Burgund

Sortenrein aus Pinot Noir vinifizierter Roséwein, der vor allem durch seine ausgeprägte Frucht begeistert. Voller frischer Fruchtgeschmack und belebender Charakter, gekrönt von schönem Nachhall. Außerordentlich saftiger und delikater Traumwein der Loire.

Medaillons von Seezunge & Lachs

25–30 Min.

300 g	**Lachsfilet,** küchenfertig	in elf gleich große Würfel schneiden
50 ml	**Sahne**	mit drei Würfeln in einem Mixer zu einer glatten Farce verarbeiten. Würzen.
8	**Seezungenfilets**	mit der Hautseite nach oben ausbreiten. Mit der Farce bestreichen und je einen Würfel auf das dickere Ende legen. Einrollen.
	Küchengarn	binden, in
	Butter	anbraten und im vorgeheizten Ofen bei 160 °C gut 6 Minuten garen.
	Salz & Pfeffer	würzen

■ **Tipp:** Damit die Rolle beim Braten nicht aufgeht, die Hautseite (dunklere Seite vom Fisch) beim Einrollen immer nach oben legen, weil sie mehr Bindegewebe enthält, und sich beim Braten zusammenzieht.

■ **Info:** Fisch säubern, säuern und salzen. Salz entzieht Feuchtigkeit, also Wasser. Daher den Fisch immer erst kurz vor dem Braten bzw. Servieren würzen. Früher war es schwerer, Fisch zu kühlen, was zur Folge hatte, dass dieser auch fischig roch. Um diesen Geruch zu unterdrücken gab man immer Zitrone an den Fisch, was aber heutzutage nicht zwingend ist.

■ **Zu diesem Rezept passen auch:**
Mediterranes Gemüse (S. 124), Safrannudeln (S. 136)

Weintipp: Crane White Colombar
Goedverwacht, Estate Wine
Südafrika

Sonnenreiches, fast mediterranes Klima und fruchtbarer Kalkboden im Robertson Valley ermöglichen einen der beliebtesten Weißweine am Kap. Ein äußerst lebendiger Wein, frisch, trocken und strahlend hell. Das Goedverwacht Estate produziert die Trendweine Südafrikas.

Thunfisch mit süßer Sojasauce und Lauchstroh

ca. 15 Min.

600 g	**Thunfisch**, küchenfertig	in vier Scheiben schneiden
	Öl zum Braten	
1 kleine Zehe	Knoblauch	andrücken und zusammen mit dem Öl in einer Pfanne erhitzen. Fisch max. 30 Sekunden von jeder Seite anbraten und noch etwas ziehen lassen.
500 g	**Frühlingslauch**	putzen, in dünne Streifen schneiden, waschen und wieder trocken legen. In Fett schwimmend ausbacken. Abtropfen lassen.
	Salz	würzen
2–3 EL	**Ketjap Manis**	den Fisch damit beträufeln
	Pfeffer	würzen

■ **Tipp:** Thunfisch sollte auf keinen Fall durchgebraten werden, da er sonst zu trocken wird. Immer so garen, dass er rosa oder sogar noch roh in der Mitte ist.

■ **Info:** Ketjap Manis ist eine herzhafte, süße indonesische Sojasauce, die man im Asialaden oder auch im gut sortierten Supermarkt zu kaufen bekommt.

■ **Zu diesem Rezept passen auch:**
Rotweinschalotten (S. 104), Safranrisotto (S. 138)

 **Weintipp:** Federspiel Grüner Veltliner
Alte Point
Weingut Hutter, Wachau
Qualitätswein, Trocken

Ein klarer, hellgrüner, hochfeiner Wein der Wachau. Mineralische Würze, ausgezeichnetes Fruchtspiel mit intensiven Aromen von exotischen Früchten und grünen Äpfeln. Ein eleganter Wein, bei wenig Alkohol und viel Geschmack.

Wasabi-Lachs in Reispapier gebraten

ca. 20 Min.

500 g	**Lachsfilet**	gegebenenfalls noch in vier Stücke portionieren, Gräten ziehen, Tran sowie Bauchlappen abschneiden
4 Msp.	**Wasabi**	Fisch damit einreiben
8 Blatt	**Reispapier**	in lauwarmem Wasser einweichen und den Fisch darin einpacken
2 EL	Öl	in einer Pfanne erhitzen und den Fisch darin je 2 Minuten goldgelb garen
	Salz	würzen

■ **Tipp:** Das Reispapier nicht zu lange einweichen, da es sonst sehr instabil wird. Vor dem Braten die Reispapierpakete auf einem Küchenkrepp trocken legen, weil es ansonsten beim Braten spritzt.

■ **Info:** Wasabi ist grüner Meerrettich, der aus der asiatischen Küche kommt. Er wird, wie europäischer Meerrettich, aus einer Wurzel gewonnen, ist aber deutlich schärfer. Für die Schärfe sind die im Wasabi enthaltenen Senföle verantwortlich, die zugleich die Verdauung fördern. Wasabi gibt es als Paste und getrocknet als Pulver.

■ **Zu diesem Rezept passen auch:**
Ananas-Salsa (S. 101), Gemüsenudeln (S. 120)

Weintipp: De Leuwen Jagt
Crouchen/Muscat de Frontignan
Seidelberg Estate, Western Cape
Südafrika

Eine Cuvée des traditionsreichen Seidelberg Estate. Aus den alten französischen Rebsorten Crouchen und Muscat de Frontignan im jungen südafrikanischen Stil vinifiziert. Sie verströmt Kraft, mit aromatischem fruchtintensivem Charakter. Mehrfach ausgezeichnet.

Zander im Baconmantel gebraten

ca. 15 Min.

8 Scheiben	**Bacon**	auf der Arbeitsfläche ausbreiten, mit
1 EL	**Honig**	bestreichen
600 g	**Zanderfilet**, küchenfertig	in 8 gleich große Stücke schneiden, darauf verteilen und einschlagen, mit
	Zahnstocher	befestigen, mit etwas
	Rapsöl	von beiden Seiten anbraten und im Backofen bei 180°C ca. vier Minuten zu Ende garen. Etwas ruhen lassen.

■ **Tipp:** Zum Testen, ob der Fisch gar ist, einen Zahnstocher nehmen und diesen in den Fisch stecken. Er sollte ohne Widerstand, fast wie durch Butter, durch den gegarten Fisch gleiten. Spürt man etwas Widerstand, braucht der Fisch noch etwas Zeit.

■ **Info:** Speck sollte auf gar keinen Fall zu stark und zu dunkel angebraten werden. Hierbei entsteht sonst der krebserzeugende Stoff Acrylamid. Aus diesem Grund sollte man auch nie Kassler grillen.

■ **Zu diesem Rezept passen auch:**
Wirsinggemüse (S. 117), Haselnuss-Spätzle (S. 130)

 **Weintipp:** Cortese D.O.C. Maria-Grazia Claudio Icardi, Piemonte

Der reinsortige Cortese vom Spitzenweingut Icardi ist ein eleganter Weißwein. Wie eine Tarantella (ital. Volkstanz) versprüht der Genießertropfen ausgelassene Fröhlichkeit. Klarer Fruchtgenuss, Tiefgang und Herzhaftigkeit machen einfach Spaß.

Geflügel

„Drum Sticks" mit Limone, Honig und Knoblauch	72
Involtini von der Putenbrust	73
Mit Honig und Sojasauce gelackte Entenbrust	74
Piccata von der Hähnchenbrust auf Tomatensugo	76
Saltimbocca von der Poularde	78
Tandoori-Poularde	80
Teriyaki-Spieße	82

„Drum Sticks"
mit Limone, Honig und Knoblauch

ca. 25 Min., zzgl. 2 Std. Marinierzeit

2 Zehen	Knoblauch	pellen und zerdrücken,
1	**Limone**	Schale abreiben, mit
2 EL	**Tomatenmark**,	
2 EL	Honig	und
2 EL	Öl	in einer Schüssel vermengen
1 kg	**Hühnerunter-schenkel**	zufügen und mind. 2 Stunden ziehen lassen
		In einer Pfanne anbraten und im vorgeheizten Ofen bei 180°C ca. 10 Minuten garen. 3 Minuten ruhen lassen.
	Salz & Cayenne	würzen

■ **Tipp:** Die Geflügelkeulen eignen sich auch gut zum Grillen und für Partys als Fingerfood. Am besten in einer Schale auf dem Grill zubereiten, da der Honig durch die hohe Hitze sonst zu schnell verbrennen würde.

■ **Info:** Geflügel muss in der Regel nicht abgewaschen werden. Schmutzig darf und kann es sowieso nicht sein. Salmonellen bekommt man mit Wasser auch nicht weg. Wasser würde auslaugen und später zu sehr spritzen. Geflügel sollte in der Regel immer durchgegart werden.

■ **Zu diesem Rezept passen auch:**
Aïoli (S. 100), Rosmarinkartoffeln (S. 132)

 **Weintipp:** Sauvignon Blanc
Buitenverwachting
Constantia, Costael Region
Südafrika

Der Sauvignon Blanc vom Spitzenerzeuger Buitenverwachting ist in Frucht und Komplexität kaum zu überbieten und dabei trotzdem weich und ausgewogen. Elegante Finesse und frisches duftiges Bukett charakterisieren diesen traumhaften Südafrikaner.

Involtini von der Putenbrust

25–30 Min.

600 g	**Putenbrust**	in acht dünne Scheiben schneiden und diese ausbreiten
1 Zehe	Knoblauch	halbieren und Fleisch damit einreiben, mit
1 EL	Senf	bestreichen
8 Scheiben	**Parmaschinken**	darauflegen
8	**getrocknete Tomaten** (in Öl)	auf ein Ende legen und einrollen
	Salz & Pfeffer	würzen
	Zahnstocher	Roulade befestigen. In einer Pfanne mit Öl braten und im Ofen bei 160 °C garen (max. 10 Minuten).

■ **Tipp:** Beim Einkauf von Geflügelfleisch, wenn möglich, immer auf die Bezeichnung „D D D" achten. So kann man sich darauf verlassen, dass das Geflügel in Deutschland aufgezogen, geschlachtet und weiterverarbeitet wurde.

■ **Info:** „Involtini" ist der italienische Begriff für „Rouladen". Steht nur „Involtini" auf einer Speisekarte, muss die Roulade aus Kalbfleisch hergestellt worden sein.

■ **Zu diesem Rezept passen auch:**
Dicke Bohnen in Thymianrahm (S. 114), Getrüffelter Maisgrieß (S. 128)

Weintipp: Rheingau Riesling
Weingut Robert Weil
Qualitätswein, Trocken

Ein eleganter Wein voller Würze und reichem Bukett. Saftig und frisch, mit Aprikose und etwas Apfel. Dank der dezenten Säure und harmonischer Frucht entstand ein Riesling mit großem Charakter. Dieses gekonnte Gewächs ist in aller Welt begehrt!

Mit **Honig** und **Sojasauce** gelackte **Entenbrust**

ca. 25 Min.

2	**Entenbrüste**	von Sehnen befreien und die Hautseite mit einem Messer kreuzweise einritzen.
1 EL	**Öl**	in einer Pfanne erhitzen und die Ente darin anbraten. Im vorgeheizten Backofen bei 180°C mit der Hautseite nach unten ca. 8 Minuten in der Bratpfanne garen, dann 1 Minute überbacken und noch 2 Minuten ruhen lassen.
2 Prisen	**Orangenschale**,	
1 EL	**Honig**	und
2 EL	**Sojasauce**	zusammen in einer Schale verrühren und die Ente vor dem Überbacken einpinseln.
	Pfeffer	würzen

■ **Tipp:** Immer erst nach dem Anbraten würzen, da sonst der Pfeffer in der Pfanne verbrennt.

■ **Info:** Männliche Entenbrüste sind in der Regel doppelt so groß wie weibliche und werden nicht so schnell trocken.

■ **Zu diesem Rezept passen auch:**
Karamellisiertes Sauerkraut (S. 116), Serviettenknödel (S. 137)

Weintipp: Charming Grüner Veltliner
Laurenz und Sophie
Weingut Moser, Kamptal
Qualitätswein, Trocken

Tochter Sophie als Patin für einen begeisternden Wein. Die hohe Qualität des Leseguts gibt helle Fruchtaromen mit klassischer Würze, leichtfüßig und elegant. Er verkörpert charmant wofür Österreich steht: Freundlichkeit, Augenzwinkern und Lebensart.

Piccata von der Hähnchenbrust auf Tomatensugo

ca. 15 Min.

80 g	**Grana Padano**	fein reiben
2	Eier	in einer Schüssel aufschlagen und mit dem Käse verrühren.
2	**Hähnchenbrüste**	in 1 cm dünne Scheiben schneiden und mit der Eimasse vermengen.
2 EL	Öl	in einer Pfanne erhitzen und das Geflügel darin von jeder Seite etwa 1 Minute anbraten und garen.
3	Schalotten	und
1 Zehe	Knoblauch	pellen und fein würfeln
2 EL	Olivenöl	in einem Topf erhitzen und die Würfel kurz anbraten
8	**Strauchtomaten**	putzen, vierteln, entkernen, in Würfel schneiden und zufügen. Kurz angehen lassen. Mit
1 Prise	Kräuter der Provence,	und
	Salz, Pfeffer & Zucker	und
2 Spritzer	Balsamicoessig	würzen

■ **Tipp:** Ganz wichtig bei Tomaten ist immer auch die Zugabe von einer Prise Zucker und etwas Essig, um ihren Geschmack hervorzuheben.

■ **Info:** Piccata kommt aus der italienischen Küche und bezieht sich normalerweise auf Kalbfleisch. Piccata Milanese wird mit Tomatensauce und Pasta serviert.

■ **Zu diesem Rezept passen auch:**
Rucolapesto (S. 106), Mediterranes Gemüse (S. 124)

 **Weintipp:** Ahr – Frühburgunder Selection B, Brogsitter Qualitätswein, Trocken

Eine der seltensten roten Rebsorten der Welt, niedrig im Ertrag und diffizil im An- und Ausbau. Samtig, voll, mit herrlichem Geschmack und edlem Duft. Eine Brogsitter-Spezialität, seit 2005 in der „Slow Food Arche des Geschmacks". „Sehr gut" sagt EICHELMANN.

Saltimbocca
von der Poularde

ca. 25 Min.

2	**Poulardenbrüste**	von Sehnen und Haut befreien und in acht Stücke schneiden.
8 Scheiben	**Parmaschinken**	ausbreiten
8 Blätter	**Salbei**	darauf verteilen und das Fleisch darin einschlagen
1 EL	**Öl**	in einer Pfanne erhitzen, Fleisch anbraten und im vorgeheizten Backofen bei 180 °C ca. 8 Minuten garen. Etwas ruhen lassen.
	Salz & Pfeffer	würzen

■ **Tipp:** Wenn möglich, sollte sich der Salbei beim Braten auf der Außenseite vom Schinken befinden. Dadurch kann sich sein Aroma erst richtig entfalten.

■ **Info:** Der Name „Saltimbocca" stammt aus der italienischen Küche. „Saltim" kommt von „salto" und „bocca" ist der Mund. Übersetzt bedeutet es „spring in den Mund".

■ **Zu diesem Rezept passen auch:**
Eingelegte Karotten (S. 118), Rucolagnocchi (S. 134)

 **Weintipp:** Crane Red Merlot
Goedverwacht, Estate Wine
Südafrika

Nach einer Anekdote wurde einst einer der seltenen blauen Kraniche gerettet – und so zum Goedverwacht-Wappen. Der „Crane Red" erinnert daran – weicher und sortenrein. Von der jugendlichen duftigen Frische geprägt, die an Kapweinen so sehr geschätzt wird.

Tandoori-Poularde

ca. 20 Min., zzgl. 8 Std. Marinierzeit

2	**Poulardenbrüste**	putzen und in 3 cm große Würfel schneiden
2 Prisen	**Zitronenschale**	und
2 Prisen	**Ingwer**	reiben, mit
2 EL	**Tandooripulver**	zusammen in einer Schüssel verrühren und das Fleisch über Nacht darin marinieren.
2 EL	**Öl**	Fleisch in einer Pfanne mit etwas Öl (nicht zu heiß) anbraten und gut 3 Minuten garen. Etwas ruhen lassen.

■ **Tipp:** Ingwer immer am besten mit einer speziellen Ingwerreibe reiben. Da dieser sehr faserig ist, würden bei einer normalen Reibe die Fasern mit ins Essen gelangen. Ingwer ist sehr lecker, aber man sollte auch nicht zu viel davon verwenden, da er sehr dominant im Geschmack ist.

■ **Info:** Tandoori oder Tanduri kommt aus der indischen Küche und bedeutet „im Ofen zubereitet". Es handelt sich um eine Gewürzmischung mit den Hauptbestandteilen Koriander, Kreuzkümmel, Knoblauch und Cayenne.

■ **Zu diesem Rezept passen auch:**
Mangochutney (S. 102), Maisplätzchen (S. 122)

 **Weintipp:** Foja Tonda
Albino Armani, Valdadige

Reminiszenz an eine wiederentdeckte rote Rebsorte – die Foja Tonda. Moräneboden und Schwemmland im Lagerinatal geben ideale Bedingungen. Armani hat mit diesem im Barrique gereiften Edel-Roten eine Meisterleistung vollbracht: Samtige rote Seltenheit!

Teriyaki-Spieße

ca. 20 Min.

500 g	**Geflügelfleisch**	in 4 cm große Würfel schneiden
1 Bd.	**Frühlingslauch**	putzen und in ca. 5 cm lange Streifen schneiden
8	Bambusspieße	abwechselnd mit beidem bestücken
2 EL	Öl	in einer Pfanne erhitzen, Spieße darin anbraten und garen.
60 ml	**Teriyaki** ideal für Fleisch	ablöschen und etwas einkochen lassen

■ **Tipp:** Mit Geflügelbrust hat man zwar weniger Arbeit, aber am besten eignen sich hierfür ausgelöste Geflügelkeulen, da diese beim Braten saftiger bleiben.

■ **Info:** Teriyaki kommt aus der japanischen Küche und bedeutet sprichwörtlich übersetzt „teri" – ganz und „yaki" – grillen. Mittlerweile gibt es auch schon fertige Teriyakisaucen (Kikkoman) zu kaufen. Die Sauce besteht in der Regel aus Sojasauce, Mirin, Reisessig und Gewürzen.

■ **Zu diesem Rezept passen auch:**
Ananas-Salsa (S. 101), Gemüsenudeln (S. 120)

Weintipp: Sauvignon Blanc
Twin Oaks
Robert Mondavi, Kalifornien

Der Sauvignon Blanc verzaubert durch eine wunderbar ausgewogene Struktur. Die urfranzösische Rebsorte ist durch die berühmten Weine der Loire bekannt geworden. Mit ähnlicher Blumigkeit und Fruchtigkeit, von Mondavi zum Erhalt der Frische kalt vergoren.

Fleisch

Gefüllte Kaninchenkeule in Aromaten gebraten	86
Gegrilltes Entrecôte in der Zitronengrasmarinade	88
Kalbsrückenscheiben in Salbei-Kapern-Butter gebraten	89
Gegrilltes Lammfilet auf Rosmarinspießen	90
Medaillons vom Rehrücken unter der Macadamianusskruste	92
Rinderlende im Baconmantel mit Rosmarinbutter	94
Satay vom Schwein	96

Gefüllte **Kaninchenkeule** in Aromaten gebraten

20–25 Min., zzgl. ca. 15 Min. Garzeit

5	**Kaninchenkeulen**	auslösen. Eine Keule in kleine Würfel schneiden und mit
100 ml	**Sahne**	und
1 Prise	Salz	zusammen im Mixer zu einer Farce verarbeiten
4	**getr. Tomaten**	fein würfeln, mit
2 Prisen	mediterrane Kräuter	zusammen mit der Farce vermengen
	Salz & Pfeffer	die restlichen vier Keulen würzen und mit der Farce füllen. Mit Küchengarn binden.
3	Zwiebeln	pellen und achteln,
2 Zehen	Knoblauch	pellen und halbieren,
	Öl	in einer großen Pfanne erhitzen und zusammen mit den Keulen goldgelb anbraten. Im Ofen bei 160 °C Umluft ca. 15 Minuten garen.

■ **Tipp:** Zur Herstellung der Farce sollte das Fleisch schön klein geschnitten werden. Umso feiner wird sie später beim Mixen. Aber auch nicht zu lange mixen/kuttern, da sonst das Fleisch zu warm werden oder auch die Sahne gerinnen könnte. Man kann das Fleisch auch vorher für ca. 30 Minuten in das Eisfach legen oder etwas Eis in den Mixer/Kutter geben.

■ **Info:** „Farce" bedeutet im Französischen „Füllung". Eine feine Bratwurstfüllung könnte man quasi auch als Farce bezeichnen. Sie kann aus Fleisch, Fisch oder Gemüse hergestellt werden. Die Zutaten werden zuerst klein geschnitten oder im Fleischwolf zerkleinert, dann im Mixer/Kutter, in der Regel mit der gleichen Menge Flüssigkeit (z. B. Sahne), zu einer feinen Masse verarbeitet.

■ **Zu diesem Rezept passen auch:**
Wirsinggemüse (S. 117), Getrüffelter Maisgrieß (S. 128)

 **Weintipp:** Domaine le Garrigon
Côtes du Rhône A.O.C.
Louis Bernard, Rhônetal

In diesem Domaine le Garrigon sind die Trauben des Grenache, Syrah, Carignan und Mourvèdre vereinigt, rein biologisch angebaut. Würzig, charmant-fruchtig und mit einem Hauch wilder Kräuter spiegelt sich gekonnt typisch mediterranes Flair wider.

Gegrilltes Entrecôte in der Zitronengrasmarinade

ca. 10 Min., zzgl. 8 Std. Marinierzeit

1 Zehe	Knoblauch	pellen und in Scheiben schneiden,
1 Stange	**Zitronengras**	in Stücke schneiden,
4 EL	Olivenöl,	
1 EL	**Pfefferkörner, rosa**	grob andrücken und mit
1 EL	Senf	zusammen verrühren
4 Scheiben	**Entrecôte**, à 160 g	in der Marinade einlegen (am besten über Nacht)
	Salz	erst nach dem Braten/Grillen würzen

Das Fleisch auf dem Grill von beiden Seiten ca. 2–3 Minuten grillen. Danach ohne Hitze noch ca. 1 Minute ziehen lassen (medium). Man kann das Fleisch auch in einer Grill- oder Bratpfanne zubereiten.

■ **Tipp:** Damit sich die Marinade besser verteilen kann und das Fleisch gleichmäßiger mariniert wird, gibt man das Fleisch mit der Marinade zusammen in einen Gefrierbeutel und drückt die überflüssige Luft aus dem Beutel.

■ **Info:** Rosa Pfeffer ist eigentlich gar kein Pfeffer, sondern die Frucht des Brasilianischen Pfefferbaums, auch Weihnachtsbeere genannt. Der Name kommt daher, weil die Rispen gerne als Weihnachtsschmuck verwendet werden.

■ **Zu diesem Rezept passen auch:**
Rotweinschalotten (S. 104), Maisplätzchen (S. 122)

 **Weintipp:** Ahr – Frühburgunder
Edition AD ARAM
Im Barrique gereift
Weingut Brogsitter

Vanilletöne, wunderbar ergänzt um Brombeer- und Holundernoten, sind die „Seele" dieser wertvollen Besonderheit: eine der seltensten Rotweinsorten. Fein abgestimmtes Edel-Bukett, jugendliche Tannine. Je ein „sehr gut" von EICHELMANN und GAULT MILLAU.

Kalbsrückenscheiben in Salbei-Kapern-Butter gebraten

ca. 10 Min.

2 EL	Butter	in einer Pfanne erhitzen
12	**Salbeiblätter**	zufügen und kurz angehen lassen
8 Scheiben	**Kalbsrücken**, à 80 g	nacheinander von beiden Seiten ca. 1 Minute anbraten und etwas ruhen lassen
12	**Kapernäpfel**	zufügen, mit dem Saft von
1	Zitrone	beträufeln
	Salz & Pfeffer	würzen

■ **Tipp:** Da Butter recht schnell verbrennen kann, eignet sich für das Rezept auch Butterschmalz (geklärte Butter). Klären bedeutet, dass die Butter vorsichtig erhitzt wird, wobei zuerst das Wasser verdampft und dann die Molke gerinnt, welche abgeschöpft wird.
Die Butter, bzw. das Butterschmalz, ist dadurch höher erhitzbar.

■ **Info:** Kapern sind die eingelegten Blütenknospen des Echten Kapernstrauches. Man sagt Kapern auch eine leicht aphrodisierende Wirkung nach. Je kleiner die Kapernfrüchte (Kapernäpfel) sind, desto feiner schmecken sie. Allerdings sind sie auch, wegen des geringen Ernteertrages, teurer als die größeren.

■ **Zu diesem Rezept passen auch:**
Rucolapesto (S. 106), Safrannudeln (S. 136)

Weintipp: Old Winery
Cabernet Merlot
Schlossabfüllung, Toskana
Tyrrell's Wines, South Eastern Australia

Ein Paradewein, hoch dekoriert, mit intensivem Duft nach schwarzen Johannisbeeren und Vanille, von Wildkräuter-Aromen abgerundet. Vollmundig im Geschmack mit viel Frucht und einem Hauch Schokolade. Schön eingebundenes Tannin und sanfter Abgang – ein wahrer Traum!

Gegrilltes Lammfilet auf Rosmarinspießen

ca. 10 Min.

4 Zweige	**Rosmarin**	am holzigen Ende abkerben,
4	**Lammfilets**	auf den Rosmarin spießen,
4–5 Zehen	Knoblauch	andrücken,
2 getrocknete kleine	**Chilischoten**	andrücken und mit
4 EL	Olivenöl	vermengen, das Fleisch damit marinieren. Später in der Grillpfanne max. 1 Minuten garen und noch etwas ruhen lassen.
	Salz & Pfeffer	würzen

■ **Tipp:** Die Spieße eignen sich auch hervorragend zum Grillen. Dann darauf achten, dass die Spieße vorher gut trocken sind, damit kein Öl oder auch Knoblauch in die heiße Kohle tropfen kann. Beim Verbrennen von Öl entstehen gesundheitsgefährdende Dämpfe.

■ **Info:** Rosmarin, wörtlich übersetzt „Meertau", entfaltet sein schönes Aroma beim Erhitzen noch besser. Vorher die Spieße bzw. den Rosmarin mit den Händen noch etwas andrücken, dadurch werden die Blätter zusätzlich geöffnet.

■ **Zu diesem Rezept passen auch:**
Aïoli (S. 100), Rosmarinkartoffeln (S. 132)

 **Weintipp:** Tenuta di Castiglioni
Marchesi de` Frescobaldi
Toskana I.G.T.

Ein opulenter meisterhafter Wein, versiert komponiert aus Cabernet Sauvignon und Sangiovese. Besonders farbintensiv mit viel Charakter, Finesse und Eleganz. Dekantiert entfaltet er seine volle Pracht. Schon in der Jugend ein Hochgenuss!

Medaillons vom Rehrücken unter der Macadamianusskruste

ca. 30 Min.

600 g	**Rehrücken**	in Medaillons schneiden und in einer Pfanne mit Öl von beiden Seiten kurz anbraten.
2	Schalotten	pellen und in feine Würfel schneiden
3 EL	**Macadamianüsse**	klein hacken
80 g	Butter	in einer Pfanne erhitzen und Schalotten und Nüsse goldgelb rösten.
100 g	Semmelbrösel	zufügen und vermengen
	Salz & Pfeffer	würzen und die Masse auf den Medaillons verteilen. Im vorgeheizten Umluftofen bei 180 °C Oberhitze maximal 8 Minuten garen.

■ **Tipp:** Anstatt der Semmelbrösel kann man auch frisch gemahlenes Toastbrot „mie de pain" verwenden. Hierfür die Rinde vom Toast entfernen, das „Innere" grob zerkleinern und im Mixer fein mahlen.

■ **Info:** Die Macadamianuss ist, auch aufgrund ihres feinen Geschmacks, die „Königin der Nüsse". Sie stammt aus Australien und gehört zu den teuersten Nüssen der Welt.

■ **Zu diesem Rezept passen auch:**
Eingelegte Karotten (S. 118), Serviettenknödel (S. 137)

Weintipp: Ahr – Spätburgunder
Edition AD ARAM
Im Barrique gereift
Weingut Brogsitter

Ein großer Wein von besten Lagen und aus kleinem Fass! Körperreiches Bukett reifer Waldbeeren, Nuancen edler Gewürze, mit dem Nachhall schwarzer Kirschen. Der kraftvolle Spitzen-Gutswein verzaubert. Mehrfach als „sehr gut" und mit Silbermedaille prämiert.

Rinderlende im Baconmantel mit Rosmarinbutter

ca. 20 Min., zzgl. 20 Min. Garzeit

4	**Rindermedaillons** (à 160 g)	in
4 Scheiben	**Bacon**	einrollen und mit Küchengarn binden.
1 EL	Rapsöl	in einer ofenfesten Pfanne erhitzen und Medaillons darin anbraten, mit
	Salz & Pfeffer	würzen, die Pfanne vom Herd nehmen,
30 g	Butter	und
2 Zweige	**Rosmarin**	dazugeben, kurz angehen lassen und im vorgeheizten Backofen bei 180°C ca. 8 Minuten garen, anschließend 2 Minuten ruhen lassen.

■ **Tipp:** Butter kann nicht sehr hoch erhitzt werden. Die Pfanne sollte also nicht mehr zu heiß sein. Statt der Butter kann man auch Butterschmalz (so genannte geklärte Butter) verwenden. Geklärte Butter hat einen geringeren Wasser-, Milcheiweiß- und Milchzuckergehalt und lässt sich dadurch höher erhitzen.

■ **Info:** Beim Braten in der Pfanne kocht und verdampft die Flüssigkeit im Fleisch. Je länger man brät, umso trockener wird das Fleisch. Gibt man das Fleisch in den Backofen (Umluft), kommt die Hitze von allen Seiten und der Saft bleibt im Fleisch. Lässt man das Fleisch nach dem Garen dann noch ruhen, verteilt sich der Fleischsaft wieder im Fleisch und es bleibt auch nach dem Anschneiden schön saftig.

■ **Zu diesem Rezept passen auch:**
Rotweinschalotten (S. 104), Scharfe Kräuterbutter (S. 108), Dicke Bohnen in Thymianrahm (S. 114)

 **Weintipp:** Barbera d'Asti D.O.C.
Tabarin
Claudio Icardi, Piemonte

Nahtlos fügt sich dieser Rebsortenwein in die Reihe der ganz großen Barolo und Barbaresco ein, die im Piemont als Könige des Rotweins gelten. Kraftvoll, elegant, samtig mit unwiderstehlich würzigem Bukett. Ein mehrfach ausgezeichneter „Genusswein".

Satay vom Schwein

ca. 25 Min., zzgl. 8 Std. Marinierzeit

500 g	**Schweinefilet**	längs in acht gleich große Stücke schneiden und auf
8	Bambusspieße	spießen
1 kleine	Zwiebel	pellen und achteln, mit
2 TL	Zucker,	
1 Prise	Salz,	
1 EL	Curry,	
1/2 TL	**Kurkuma**,	
2 EL	Öl	und
100 ml	**Kokosmilch**	im Mixer fein pürieren und das Fleisch darin über Nacht marinieren.

Im vorgeheizten Backofen auf dem Gitter bei 180 °C ca. 10 Minuten garen.

▪ **Tipp:** Bambusspieße haben, gegenüber Holzspießen, den Vorteil, dass sie nicht splittern.

▪ **Info:** Kurkuma heißt auf deutsch „Gelbwurz" und stammt aus Südostasien. Es gibt dem Curry die schöne gelbe Farbe.

▪ **Zu diesem Rezept passen auch:**
Mangochutney (S. 102), Gemüsenudeln (S. 120)

 **Weintipp:** Alto Adige D.O.C.
Merlot
Alois Lageder, Südtirol

In Südtirol entwickelt der Merlot schöne Brombeerfruchtnoten mit angenehm weichen Tanninen. Ein kirschroter Wein mit frischem jugendlichem Stil. Sehr harmonisch und anmutig mit sauberem sortentypischen Aroma. Acht Monate im Eichenfass machen ihn charaktervoll.

Sauce

Aïoli	**100**
Ananas-Salsa	**101**
Mangochutney	**102**
Rotweinschalotten	**104**
Rucolapesto	**106**
Scharfe Kräuterbutter	**108**
Süßsaurer Gurken-Chilli-Dip	**110**

Aïoli

10–20 Min.

3 Zehen	**Knoblauch**	pellen und grob hacken,
1 Prise	Salz	dazugeben und mit dem Mörser eine Paste herstellen.
1 TL	Zitronensaft	und
1	**Eigelb**	zufügen, vermengen und in eine Schüssel umfüllen.
250 ml neutrales	Öl	tropfenweise zufügen und mit dem Schneebesen verrühren. Sobald die Masse bindet, das Öl ruhig etwas zügiger dazugeben, mit
	Pfeffer	würzen.

■ **Tipp:** Je geschmacksneutraler das Öl ist, umso besser schmeckt die Aïoli. Ich persönlich würde z. B. kein Olivenöl, so gern ich es auch mag, verwenden.

■ **Info:** Falls die Aïoli mal nicht gelingen sollte, wegen Vollmond oder so, fangen Sie einfach wieder mit einem neuen Eigelb an und geben die misslungene Aïoli wieder tropfenweise dazu, bis die neue Aïoli fertig ist.

■ **Zu diesem Rezept passen auch:**
„Drum Sticks" mit Limone, Honig und Knoblauch (S. 72), Gebackene Auster (S. 56), Gegrilltes Lammfilet auf Rosmarinspießen (S. 90)

Ananas-Salsa

15–20 Min.

1 kleine	**Ananas** (sweet)	schälen, Strunk entfernen und in Würfel schneiden
1	Zwiebel	abziehen und in Würfel schneiden
1 rote	**Chilischote** (getrocknet)	im Mörser fein zerdrücken
1	**Limone**	Schale fein abreiben und Saft auspressen
1 EL	Zucker	zusammen mit Chili, Limonensaft und Abrieb in einer Schüssel verrühren. Ananas und Zwiebel zufügen, vermengen und kurz marinieren lassen.

■ **Tipp:** Beim Kauf von Ananas darauf achten, dass die Frucht reif ist. Nur so hat sie ihr volles Aroma. Zum Testen sollte beim „Drucktest" die Ananas etwas nachgeben. Sie sollte auch nach Ananas riechen und die Blätter in der Mitte sollten sich ohne größeren Widerstand herausziehen lassen.

■ **Info:** Ananas wächst, ähnlich wie z. B. Blumenkohl, auf dem Boden. Würde man das Grün der Ananas abschneiden und einpflanzen, würde daraus eine neue Frucht wachsen.

■ **Zu diesem Rezept passen auch:**
Teriyaki-Spieße (S. 82), Wasabi-Lachs in Reispapier gebraten (S. 66)

Mangochutney

ca. 20 Min., zzgl. 20 Min. Garzeit

1	**Mango**	schälen, Kern entfernen und in ca. 1 cm große Würfel schneiden.
1	Zwiebel	pellen und in kleine Würfel schneiden.
1 EL	Öl	in einem Topf erhitzen und die Zwiebel darin angehen lassen,
2 EL	Honig	und Mangowürfel dazugeben und etwas angehen lassen.
1 EL	Curry	zufügen und kurz erhitzen, mit
1 Schuss	Essig	ablöschen und mit
250 ml	Weißwein	auffüllen
1	**Nelke** & **Lorbeerblatt**	zufügen und gut 20 Minuten mit Deckel sämig einkochen lassen.

■ **Tipp:** Den Curry unbedingt kurz erhitzen, sodass die ätherischen Öle frei werden und sich sein Geschmack besser entfalten kann. Aber aufpassen, dass der Curry dabei nicht verbrennt.

■ **Info:** Chutney kommt aus der indischen Küche und wird oft aus Früchten hergestellt. Zu uns nach Europa kam es durch die Engländer. Es wird ähnlich wie eine Marmelade (nur herzhaft-scharf) hergestellt und kann so auch in Einmachgläsern nach dem Kochen gut gelagert werden.

■ **Zu diesem Rezept passen auch:**
Tandoori-Poularde (S. 80), Lachs im Kartoffelspaghettimantel gebraten (S. 60), Satay vom Schwein (S. 96)

Rotweinschalotten

ca. 20 Min., zzgl. 20 Min. Garzeit

16	**Schalotten**	pellen und mit
50 g	Butter	in einem Topf zusammen goldgelb anbraten,
1 EL	Honig	zufügen, mit
0,5 l	**Rotwein**	ablöschen und sämig einkochen.
1 Zweig	**Thymian**	abkerben, etwas klein schneiden und zufügen
	Salz & Pfeffer	würzen

■ **Tipp:** Anstatt ganze Schalotten zu verwenden, kann man diese auch fein würfeln und dann genauso wie oben beschrieben zubereiten. Dadurch erhält man Rotweinschalottenconfit, das gut zu Geflügel, dunklem Fleisch und Leber passt.

■ **Info:** Die Schalotten gehören ins Reich der Blumen (Liliengewächse). Die Schalotte selber wird als „Königin der Zwiebeln" oder auch „Edelzwiebel" bezeichnet, da sie ein feineres und nicht so scharfes Aroma hat. Beim Anbraten immer etwas Obacht geben, da sie schnell bitter werden kann.

■ **Zu diesem Rezept passt auch:**
Thunfisch mit süßer Sojasauce und Lauchstroh (S. 64)

Rucolapesto

ca. 15 Min.

30 g	**Pinienkerne**	in einer Pfanne ohne Öl goldgelb rösten. Abkühlen lassen!
250 g	**Rucola**	putzen, waschen und trocken schleudern
1 Zehe	Knoblauch	schälen und grob klein schneiden
30 g	**Grana Padano**	fein reiben
50 ml	Olivenöl	mit dem Rucola im Blender kurz mixen, restliche Zutaten ebenfalls dazugeben und alles mixen.
	Salz & Pfeffer	abschmecken

■ **Tipp:** Wer es gerne etwas würziger mag, kann anstatt Grana Padano (Kuh) auch sehr gut Pecorino (Schaf) verwenden.

■ **Info:** Gutes Olivenöl ist kalt gepresst. Es sollte immer kühl, verschlossen und dunkel lagern, da es sonst schneller ranzig wird.

■ **Zu diesem Rezept passen auch:**
Piccata von der Hähnchenbrust auf Tomatensugo (S. 76), Kalbsrückenschreiben in Salbei-Kapern-Butter gebraten (S. 89)

Scharfe Kräuterbutter

ca. 15 Min.

250 g weiche	Butter	
1	**Limone**	Schale fein abreiben
1 kleine	**Chilischote**	zerkleinern
1 Zehe	Knoblauch	pellen und fein schneiden
1 Stängel	**Blattpetersilie**	zupfen und klein schneiden, alles miteinander vermengen, mit
	Salz	würzen

■ **Tipp:** Butter auf Klarsichtfolie geben, vorsichtig einrollen und im Kühlschrank wieder fest werden lassen. Danach kann man sie gut in Scheiben schneiden. Lässt sich auch gut einfrieren.

■ **Info:** Chili immer vorsichtig verwenden und daran denken, dass jede Sorte unterschiedlich scharf sein kann. Selbst bei der gleichen Sorte kann es Unterschiede geben. Der Stoff, der für die Schärfe sorgt, nennt sich „Capsaicin". Kerne und die weißen Seitenwände immer entfernen und danach die Hände gründlich waschen oder Handschuhe tragen.

■ **Zu diesem Rezept passen auch:**
Hummer in Korianderaroma gebraten (S. 58), Rinderlende im Baconmantel mit Rotweinschalotten (S. 94)

Süßsaurer Gurken-Chili-Dip

ca. 15 Min.

1	**Salatgurke**	schälen, halbieren, mit einem Löffel die Kerne entfernen und die Gurke in kleine Würfel schneiden
100 ml	**Reisessig**	mit
1 EL	Zucker	vermengen, bis der Zucker sich auflöst.
1 getr.	**Chilischote**	im Mörser zerkleinern und dazugeben
1 Prise	Salz	würzen und Gurkenwürfel zufügen

■ **Tipp:** Die Gurkenwürfel vorher für ca. 5 Sekunden in kochendes Salzwasser geben und sofort in Eiswasser abschrecken. Dadurch gerinnt das Eiweiß und „verschließt" die Oberfläche. Die Gurkenwürfel werden dann in dem Dip nicht so matschig.

■ **Info:** Reis- oder Sushi-Essig bekommt man am besten im Asialaden. Bei meiner Lieblingssorte ist der Essig schon mit Salz und Zucker gewürzt.

■ **Zu diesem Rezept passt auch:**
Gebackene Auster (S. 56)

Gemüse

Dicke Bohnen in Thymianrahm	**114**
Karamellisiertes Sauerkraut	**116**
Wirsinggemüse	**117**
Eingelegte Karotten	**118**
Gemüsenudeln	**120**
Maisplätzchen	**122**
Mediterranes Gemüse	**124**

Dicke Bohnen in Thymianrahm

ca. 30 Min.

2	Schalotten	pellen und fein würfeln, mit
1 EL	Butter	in einem Topf goldgelb angehen lassen
400 g	**Dicke Bohnen**	von der Schale (Haut) befreien und dazugeben
3 Stängel	**Thymian**	abkerben, klein schneiden und zufügen, mit
100 ml	Gemüsefond	ablöschen und aufkochen lassen, dann
100 ml	**Sahne**	zufügen und sämig einkochen, mit
	Salz & Pfeffer	gegebenenfalls würzen

▪ **Tipp:** Die Schale bzw. Haut von den Dicken Bohnen muss unbedingt entfernt werden. Am besten die Bohnen einfrieren oder direkt tiefgefrorene kaufen. Diese dann etwas antauen lassen und den noch gefrorenen Bohnenkern aus der Haut drücken.

▪ **Info:** Schalotten gehören, genauso wie Schnittlauch, zu den Liliengewächsen. Bei beiden ist es wichtig bei der Zubereitung, sprich beim Zerkleinern, auch wirklich zu schneiden. Würde man sie hacken, drücken oder quetschen, würden sie dadurch schnell matschig und bitter.

▪ **Zu diesem Rezept passen auch:**
Involtini von der Putenbrust (S. 73), Rinderlende im Baconmantel mit Rotweinschalotten (S. 94)

Karamellisiertes Sauerkraut

10 Min., zzgl. 20 Min. Garzeit

50 g	Zucker	in einem Topf karamellisieren lassen, mit
100 ml	**Weißwein**	ablöschen
400 g	**Sauerkraut**	dazugeben und 20 Minuten mit Deckel köcheln lassen
2 Schuss	**Sahne**	zufügen und etwas einkochen lassen

■ **Tipp:** „Immer mit dem Wein ablöschen, der später auch zum Essen getrunken wird." Diese Aussage kennen viele. In der Regel kann man nach dem Einkochen nicht mehr schmecken, welche Wein- bzw. Traubensorte genommen wurde. Wichtig ist es aber schon, dass man einen guten Wein nimmt. Wenn der Wein vorher schon nicht lecker war, wird er es durchs Kochen erst recht nicht. Im Gegenteil, er wird eher noch schlimmer.

■ **Info:** Die Idee mit dem karamellisierten Sauerkraut kommt aus dem Elsass und nennt sich dort „choucroute". Normalerweise ist es als Beilage zu gebratenem Fisch gedacht.

■ **Zu diesem Rezept passt auch:**
Mit Honig und Sojasauce gelackte Entenbrust (S. 74)

Wirsinggemüse

20 Min., zzgl. 20 Min. Garzeit

1 kleiner	**Wirsing**	putzen, vierteln, Strunk entfernen, in Streifen schneiden und waschen
1 EL	Öl	in einem Topf erhitzen
2 EL	Zwiebelwürfel	und
1 EL	**Speckwürfel**	darin goldgelb braten, den Wirsing zufügen und kurz mit angehen lassen
1 EL gekörnte	Gemüsebrühe	zufügen und alles vermengen
200 ml	Milch	dazugeben und mit Deckel ca. 20 Minuten garen
2 Prisen	Muskat	würzen, mit
	Salz & Pfeffer	abschmecken
50 ml	**Sahne**	zufügen und etwas einkochen lassen

■ **Tipp:** Falls Sie den Speck selber in Würfel schneiden sollten, lassen Sie ihn vorher im Eisfach leicht anfrieren, dadurch lässt er sich einfacher würfeln.

■ **Info:** Gemüsebrühe passt immer am besten zum Würzen, da sie vom Geschmack am neutralsten ist. Beim Einkauf darauf achten, dass sie ohne Geschmacksverstärker hergestellt wurde. Viele Menschen reagieren darauf allergisch.

■ **Zu diesem Rezept passen auch:**
Zander im Baconmantel gebraten (S. 68), Gefüllte Kaninchenkeule in Aromaten gebraten (S. 86)

Eingelegte Karotten

25–30 Min.

400 g große	**Karotten**	schälen, vierteln und schräg in Stücke schneiden
je 2	Lorbeerblätter & Nelken,	
1 Zehe	Knoblauch,	
1	Zitrone	auspressen,
1 Prise	Salz	und
1 EL	Zucker	in einem Topf mit 250 ml Wasser und Deckel bissfest garen
3 EL	**Olivenöl** (erste Pressung)	zufügen und verrühren
½ Bd.	**Basilikum**	zupfen, schön klein schneiden und dazugeben

■ **Tipp:** Basilikum, wenn möglich, nicht waschen, da er sonst zu viel Aroma verliert. Wichtig ist auch, dass man die Kräuter klein schneidet und nicht hackt, sonst werden sie bitter.

■ **Info:** Olivenöle sind bei uns in der Regel immer kalt gepresst (nativ) im Handel. Diese Öle sollten Aufgrund der Inhaltsstoffe und des niedrigen Rauchpunktes auch nicht erhitzt werden. Besser für die warme Küche ist ein raffiniertes (gefiltertes) Olivenöl, welches bis 210 °C erhitzbar ist.

■ **Zu diesem Rezept passen auch:**
Saltimbocca von der Poularde (S. 78), Lachs im Kartoffelspaghettimantel gebraten (S. 60), Medaillons vom Rehrücken unter der Macadamianusskruste (S. 92)

Gemüsenudeln

20–22 Min.

2 große	**Karotten**	und
2 kleine	**Kohlrabi**	schälen und mit dem Gemüsespaghettischneider in dünne Streifen schneiden.
300 g dünne	**Nudeln**	laut Packungsangabe kochen
1 EL	Butter	erhitzen, Gemüsenudeln darin angehen lassen und die noch heißen Nudeln zufügen.
	Salz & Muskat	würzen und alles miteinander vermengen

■ **Tipp:** Sollte man keinen Gemüsespaghettischneider zu Hause haben, kann man das Gemüse auch erst in dünne Scheiben und dann in dünne Streifen (Julienne) schneiden.

■ **Info:** Muskatnuss ist für mich mit eins der schönsten Gewürze. Aber auch immer sparsam verwenden, da ihr Geschmack die Speise auch negativ überlagern kann. Bestandteil der Nuss sind auch ätherische Öle, die eine berauschende Wirkung hervorrufen können. Also noch ein Grund mehr, sie immer sparsam zu verwenden.

■ **Zu diesem Rezept passen auch:**
Teriyaki-Spieße (S. 82), Wasabi-Lachs in Reispapier gebraten (S. 66), Satay vom Schwein (S. 96)

Maisplätzchen

25–30 Min.

400 g	**Mais** (Dose)	befreien, abbrausen und abtropfen lassen
1 kleine	Zwiebel	pellen und in kleine Würfel schneiden
2 Stängel	**Blattpetersilie**	zupfen und klein schneiden oder wiegen
2	Eier	in einer Schüssel verquirlen. Mais, Petersilie und Zwiebel dazugeben, mit
	Salz & Zucker	würzen
4 EL	Mehl	zufügen und mit einem Löffel zu einer leicht zähflüssigen Masse verrühren.
1 Zehe	**Knoblauch**	andrücken und mit
2 EL	Butter	in einer Pfanne erhitzen und darin etwa esslöffelgroße Maisplätzchen von beiden Seiten goldgelb braten.

■ **Tipp:** Als Alternative zur Butter eignet sich auch hervorragend Butterschmalz. Es handelt sich hierbei um geklärte Butter (Butter ohne Wasser und Molke).

■ **Info:** Sollte die Dose von innen nicht beschichtet sein, sollten, sobald diese geöffnet wurde und Sauerstoff mit ins Spiel kam, keine Lebensmittel mehr darin aufbewahrt bzw. gelagert werden. Immer in ein anderes Gefäß umfüllen, da sonst das Metall oxidiert.

■ **Zu diesem Rezept passen auch:**
Tandoori-Poularde (S. 80), Gegrilltes Entrecôte in der Zitronengrasmarinade (S. 88)

Mediterranes
Gemüse

ca. 30 Min.

1	**Zucchino**	putzen, längs vierteln und in 3 cm große Stücke schneiden
2 gelbe	**Paprika**	putzen, vierteln, entkernen und die Zungen in 3 cm große Stücke schneiden
5	**Tomaten**	putzen, vierteln, entkernen und jedes Viertel in vier Stücke schneiden
2 kleine	**Zwiebeln**	pellen und achteln
1 Zehe	**Knoblauch**	pellen und halbieren
2 EL	**Olivenöl**	in einem Topf erhitzen und Knoblauch und Zwiebeln goldgelb anbraten. Zuerst Zucchinistücke zufügen und etwas angehen lassen, dann die Paprika und vor dem Servieren die Tomaten zufügen. Mit
2 Prisen	**Kräuter der Provence**	und
1 Prise	**Salz, Pfeffer & Zucker**	würzen und abschmecken

■ **Tipp:** Um zu kontrollieren, ob das Olivenöl die richtige Temperatur hat, bzw. in der Pfanne nicht zu heiß wird, gibt man beim Erhitzen eine Flocke Butter mit in die Pfanne. Sobald man sieht, dass die Molke sich trennt und nach oben steigt, hat das Öl eine Temperatur von ca. 160 °C. Das Olivenöl überhitzt dabei nicht. Sollte die Molke schwarz sein, ist das Öl zu heiß.

■ **Info:** Zucchino oder Zucchini? Bei Zucchini handelt es sich um die Mehrzahl und bei Zucchino immer nur um eine.

■ **Zu diesem Rezept passen auch:**
Piccata von der Hähnchenbrust auf Tomatensugo (S. 76), Medaillons von Seezunge und Lachs (S. 62)

Beilage

Getrüffelter Maisgrieß	**128**
Haselnuss-Spätzle	**130**
Rosmarinkartoffeln	**132**
Rucolagnocchi	**134**
Safrannudeln	**136**
Serviettenknödel	**137**
Safranrisotto	**138**

Getrüffelter Maisgrieß (Polenta)

ca. 15 Min.

500 ml	Gemüsebrühe	mit
1 EL	Butter	und
½ TL	**Trüffelbutter**	zum Kochen bringen,
120 g	**Maisgrieß**	unterrühren und ca. 8 Minuten quellen lassen
50 g	**Grana Padano**	reiben und zufügen, mit
	Salz & Muskat	abschmecken

■ **Tipp:** Sobald man den Grieß unterrührt, sofort die Temperatur zurückschalten, da sonst der Grieß aus dem Topf spritzt und man sich dabei verbrennen kann.

■ **Info:** Anstatt Trüffelbutter kann man auch Trüffelöl verwenden. Aber immer nur ein paar Tropfen, sonst schmeckt das Essen zu intensiv nach Trüffel. Am besten immer Öl von weißem Trüffel kaufen, da dieser viel mehr Aroma hat als der schwarze. In der Flasche sollte sich auch ein kleines Stück Trüffel befinden und das Öl nicht aus künstlichem Aroma hergestellt sein.

■ **Zu diesem Rezept passen auch:**
Involtini von der Putenbrust (S. 73), Gefüllte Kaninchenkeule in Aromaten gebraten (S. 86)

Haselnuss-Spätzle

ca. 20 Min., zzgl. 1 Std. Ruhezeit

4	Eier,	
2 Prisen	Salz	und
1 Prise	**Kurkuma**	in einer Schüssel verquirlen
1 Schuss	**Sprudel**	und
1 Prise	Muskat	zufügen
4 EL	**Haselnussgrieß**	dazugeben und vermengen
400 g	Mehl	zufügen und zu einem zähflüssigen Teig verarbeiten (schlagen), wird er zu zäh, noch etwas Sprudel zugeben. Etwas ruhen lassen.
		Die Masse vom Spätzlebrett mit einem Schaber in siedendes Salzwasser hobeln. Sobald die Spätzle oben schwimmen, abschöpfen.
1 EL	Butter	in einer Pfanne erhitzen und die Spätzle darin schwenken

■ **Tipp:** Das Schlagen des Teiges ist sehr wichtig, weil die Spätzle dadurch eine schöne Konsistenz bzw. Bindung bekommen. Das kann man natürlich auch mit der Küchenmaschine machen.

■ **Info:** Anstatt Spätzle mit der Hand zu schaben, kann man sie auch mit einer Spätzlepresse oder einem speziellen Lochblech, durch das der Teig ins siedende Wasser gestrichen wird, herstellen.

■ **Zu diesem Rezept passt auch:**
Zander im Baconmantel (S. 68)

Rosmarinkartoffeln

ca. 5 Min., zzgl. 25 Min. Garzeit und 20 Min. Backzeit

20 kleine	**Kartoffeln**	waschen und in Salzwasser garen. Etwas abkühlen lassen und halbieren.
2 EL	Olivenöl	auf ein Backblech geben und Kartoffeln dazugeben.
2 Zehen	Knoblauch	andrücken und zufügen
2 Zweige	**Rosmarin**	klein zupfen und zufügen
2 Prisen grobes	Meersalz	würzen und im vorgeheizten Ofen bei 180 °C goldgelb backen (ca. 20 Minuten).

■ **Tipp:** Man könnte die Kartoffeln auch roh auf das Backblech geben, was sich jedoch nicht empfiehlt. Denn dann dauert das Backen länger. Außerdem werden die Kartoffeln bei Umluft sehr schnell trocken.

■ **Info:** „Fleur de sel" (Blume des Salzes) ist wohl mit das leckerste, aber auch teuerste Meersalz. Es entsteht als sehr dünne Schicht an der Wasseroberfläche und wird per Hand mit einer Holzschaufel abgeschöpft.

■ **Zu diesem Rezept passen auch:**
„Drum Sticks" mit Limone, Honig und Knoblauch (S. 72), Gegrilltes Lammfilet auf Rosmarinspießen (S. 90)

Rucolagnocchi

ca. 15 Min., zzgl. 25 Min. Garzeit

300 g	**Kartoffeln** (mehligkochend)	waschen und garen. Etwas abkühlen lassen, pellen und durch die Kartoffelpresse drücken.
1 Bd.	**Rucola**	zupfen und schön klein schneiden,
1	Eigelb,	
2 EL	Mehl	und
3–4 EL	**Hartweizengrieß**	alles zu der Kartoffelmasse geben und vermengen
	Salz & Muskat	würzen

Auf der mit Mehl bestäubten Arbeitsfläche den Teig mit den Händen 2 cm dick ausrollen, in ca. 3 cm große Stücke schneiden und in der Hand zu Gnocchi rollen.

Zur Sicherheit erst mal einen der Gnoccho Probe kochen, um zu sehen, ob die Masse auch hält. Falls das nicht der Fall ist, noch etwas Mehl oder Grieß unterarbeiten.

Mit einer Gabel Rillen andrücken und in siedendem Salzwasser ca. 4 Minuten garen. Abtropfen lassen und in einer Pfanne mit Butter schwenken.

■ **Tipp:** Beim Kneten der Kartoffelmasse nicht mit einem Schneebesen arbeiten, da der Teig durch die Stärke der Kartoffeln zäh wird. Am besten mit der Hand oder einem Holzlöffel arbeiten.

Sobald die Gnocchi im Topf oben schwimmen, sind sie in der Regel fertig gegart.

■ **Info:** Die Rillen in den Gnocchi vergrößern die Oberfläche, dadurch bleibt die Sauce besser an ihnen haften.

■ **Zu diesem Rezept passen auch:**
Saltimbocca von der Poularde (S. 78), Hummer in Korianderaroma gebraten (S. 58)

Safrannudeln

ca. 20 Min., zzgl. 1 Std. Ruhezeit

200 g	Weizenmehl Typ 450	mit
100 g	**Hartweizengrieß**	vermengen
2	**Eier**,	
10 ml	Olivenöl,	
2 Prisen	Salz	und
½ g	**Safran**	verquirlen und aus allen Zutaten einen geschmeidigen Teig kneten. Diesen in Folie schlagen und 1 Stunde kühl ruhen lassen.

Ausrollen und zu Pastaform nach Wunsch verarbeiten. Diese in kochendem Salzwasser ca. 2 Minuten bissfest garen. Abgießen und sofort servieren.

■ **Tipp:** Wenn man den Teig nicht ruhen lässt, ist es fast unmöglich, ihn ordentlich auszurollen, weil beim Kneten der Kleber aus dem Mehl frei wird. Dieser verursacht, dass sich der Teig wieder zusammenzieht.

■ **Info:** Da der Safran hauptsächlich einen farblichen Aspekt hat, kann das Rezept immer wieder abgeleitet werden. Man kann Sepia (aus Tintenfischen gewonnener Farbstoff) für schwarze Nudeln dazugeben, Tomatenmark für rote, Spinatpaste für grüne usw. Natürlich kann man die farbgebenden Zutaten auch weglassen, wenn man normale Nudeln will.

■ **Zu diesem Rezept passen auch:**
Medaillons von Seezunge und Lachs (S. 62), Kalbsrückenscheiben in Salbei-Kapern-Butter gebraten (S. 89)

Serviettenknödel

ca. 25 Min.

2 EL	**Speck**	und
1	Zwiebel	in kleine Würfel schneiden und in einer Pfanne mit etwas Öl goldgelb anbraten.
1 Bd.	**Kräuter**	zupfen und schön klein schneiden oder wiegen
250 g trockene	**Brötchen**	in ca. 2 x 2 cm große Würfel schneiden
150 ml	Milch	erhitzen und zusammen mit den Brötchen in eine Schüssel geben.
3	Eier	zusammen mit den restlichen Zutaten vermengen.
	Salz & Muskat	würzen

Serviette oder Küchentuch gründlich auswaschen und auf der Arbeitsfläche ausbreiten. Knödelmasse längs auf einem Ende darauf verteilen, einrollen (ca. 5 cm Durchmesser) und dabei etwas Druck ausüben. Die Enden mit Küchengarn verknoten. In siedendem Wasser ca. 10 Minuten garen.

■ **Tipp:** Anstatt getrockneter Brötchen kann man auch frische verwenden. Dann aber etwas weniger Milch zufügen. Frischer Vollkorntoast eignet sich auch sehr gut.

Die Knödel nach einigen Minuten Ruhezeit am besten mit einem Zwirnsfaden schneiden, da es, aufgrund der Konsistenz, einfacher ist, als ein Messer zu benutzen.

■ **Info:** Serviettenknödel haben ihren Namen von der Serviette, in der sie gegart werden. Die Grundmasse besteht in der Regel aus Semmelknödelmasse.

■ **Zu diesem Rezept passen auch:**
Mit Honig und Sojasauce gelackte Entenbrust (S. 74), Medaillons vom Rehrücken unter der Macadamianusskruste (S. 92)

Safranrisotto

ca. 10 Min., zzgl. 20 Min. Garzeit

1	Zwiebel	und
1 Zehe	Knoblauch	pellen und fein würfeln
70 g	Butter	erhitzen und darin goldgelb anbraten
200 g	**Risottoreis**	waschen, zufügen und glasig angehen lassen
½ g	**Safran**	zufügen, mit
80 ml	Weißwein	ablöschen und einkochen lassen
500 ml heiße	Brühe	nach und nach zufügen und den Reis in ca. 20 Minuten bissfest garen.
60 g	**Grana Padano**	reiben und unterrühren
	Salz & Pfeffer	gegebenenfalls noch würzen

■ **Tipp:** Risottoreis ist ein Rundkornreis, mit einem höheren Stärkeanteil. Deshalb muss beim Risotto der Reis angeschwitzt werden. Bei diesem Vorgang gerinnt die Stärke im Reiskorn, so entsteht die typische sämige Konsistenz eines Risottogerichts. Der Kern sollte jedoch seinen Biss behalten. Man muss beim Garen immer aufpassen, dass der Reis nicht ansetzt.

■ **Info:** Wie bei Äpfeln gibt es auch verschiedene Risottoreissorten. Ich selber mag die Sorte „Arborio" (ein Mittelkornreis aus Norditalien) sehr gerne. Jede Sorte hat auch eine andere Garzeit und braucht dann gegebenenfalls etwas mehr oder weniger Brühe beim Garen.

■ **Zu diesem Rezept passt auch:**
Thunfisch mit süßer Sojasauce und Lauchstroh (S. 64)

Dessert

Crema catalana	142
Erdbeer-Limetten-Konfitüre	144
Erdbeeren in Balsamico-Vanille-Aroma	146
Gratinierter Ziegenkäse mit Ahornsirup und gerösteten Pinienkernen	148
Karamellisierte Bananen mit Sesam und Limone	150
Mascarponecreme mit Maracujagelee	152
Mit Sternanis pochierte Birne	154

Crema catalana

ca. 15 Min., zzgl. 2 Std. Kühlzeit

1	**Vanilleschote**	der Länge nach halbieren und das Mark herausschaben, mit
100 ml	**Sahne**,	
400 ml	Milch,	
80 g	Zucker	und
½ Stange	**Zimt**	in einem Topf aufkochen lassen.
2	Eier	und
4	Eigelb	zusammen in eine Schüssel geben und auf einem heißen Wasserbad unter ständigem Rühren die warme Milchmischung einrühren. Solange schlagen, bis die Masse dickflüssig wird. Die Masse darf nicht zu heiß werden, da sonst die Eier gerinnen. Zimt und Vanilleschote herausnehmen, Masse in feuerfeste Formen füllen und im Kühlschrank ca. 2 Stunden kalt stellen.
	Zucker zum Karamellisieren	vor dem Servieren darüberstreuen und mit dem Candyman (Bunsenbrenner) karamellisieren.

■ **Tipp:** Es gibt extra einen Bunsenbrenner, den Candyman, der nur zum Karamellisieren von solchen Sachen gedacht ist. Ein normaler Bunsenbrenner hat zuviel Power und der Zucker würde zu schnell verbrennen.

■ **Info:** Bei Zimt bzw. Zimtstangen handelt es sich um getrocknete Zimtbaumrinde. Ceylonzimt ist die wohl edelste, aber auch teuerste Sorte. Zimt steht übrigens auf Platz 3 der teuersten Gewürze.

Weintipp: Quinta do Noval
Fine Ruby Port
Portugal

Aus sonnendurchglühten Trauben mit den typisch dicken Schalen portugiesischer Reben entsteht dieser wunderschöne Gutsportwein mit purpurner Farbe und viel schwerem Tannin. Aromatisch würzig, lange im Fass gereift und zu Recht gekrönt.

Erdbeer-Limetten-Konfitüre

20–25 Min.

7–8 Gläser à 230 ml

1 kg	**Erdbeeren**	putzen und klein schneiden, mit
500 g	**Gelierzucker 2:1**	in einem Topf vermengen
1	**Limette**	Zesten abziehen, auspressen und beides zufügen
		Laut Packungsangabe kochen, in saubere Gläser abfüllen und abkühlen lassen.

■ **Tipp:** Unbedingt 2:1 Gelierzucker verwenden, er hat einen geringeren Zuckergehalt, der völlig ausreicht, da die Erdbeeren sowieso schon sehr süß sind.

■ **Info:** Erdbeeren enthalten sehr viel Vitamin C. Sie sind eigentlich gar keine Beeren, sondern zählen zu den Sammelnussfrüchten, die zu der Familie der Rosengewächse gehören. Die kleinen Pünktchen sind die Samen der Erdbeere.

 **Weintipp:** Bechtheimer Rosengarten
Riesling Eiswein Brogsitter
Edelsüß
Rheinhessen

Nur selten erreichen Trauben eine derartige Konzentration. Beim ersten Frost des Herbstes bei −7 °C von Hand gelesen. Der hohe Ertragsreichtum der gefrorenen Trauben gibt dem Wein die komplexen intensiven Aromen. Eine beeindruckende Erzeugerabfüllung.

Erdbeeren in Balsamico-Vanille-Aroma

ca. 8 Min.

500 g	**Erdbeeren**	putzen und etwas klein schneiden
1 EL	Honig,	
1 TL	**Vanillezucker**	und
4 cl alter	**Balsamico**	zusammen in einer Schüssel vermengen, noch einmal abschmecken und die Erdbeeren darin marinieren.
		Minze zur Dekoration

■ **Tipp:** Die Erdbeeren, außer sie sind wirklich dreckig, nicht waschen. Sie werden dadurch matschig und verlieren viel von ihrem Aroma. Vanillezucker lässt sich leicht herstellen, indem man eine ausgekratzte Vanilleschote, die man sonst wegwerfen würde, in ein Glas mit Zucker legt und diesen verschlossen einige Zeit lang durchziehen lässt.

■ **Info:** Vanillezucker bitte nicht mit Vanillinzucker verwechseln. Vanillezucker wird aus Zucker und Vanille hergestellt, wobei Vanillinzucker aus künstlichen Aromastoffen besteht.

 **Weintipp:** Rosée de Saumon Brut
Spätburgunder Rosé
Brogsitter Privat-Sektkellerei

Diese Sektspezialität wurde aus sorgsam selektierten und versekteten Spätburgunder-Weinen hergestellt. Brut ausgebaut, eignet sich sein fruchtiges Bukett hervorragend zu Desserts. Vom Stern mit Bronze ausgezeichnet unter „Schaumweine der Welt".

Gratinierter Ziegenfrischkäse mit Ahornsirup und gerösteten Pinienkernen

ca. 10 Min.

1 Rolle	**Ziegenfrischkäse**	in 3 cm dicke Scheiben schneiden und im Backofen mit Oberhitze ca. 2 Minuten gratinieren
2 EL	**Pinienkerne**	in einer Pfanne ohne Öl goldgelb rösten und später über den Käse streuen
4 TL	**Ahornsirup**	je einen TL über den Käse träufeln
	Pfeffer	würzen

Dazu ofenwarmes Brot reichen.

■ **Tipp:** Zu diesem Gericht passt sehr gut ein kleines Glas Süßwein. Anstatt Ziegenfrischkäse kann man auch Blauschimmelkäse verwenden. Da dieser aber sehr schnell im Ofen verläuft, den Käse am besten direkt auf einem kleinen feuerfesten Teller anrichten und dann gratinieren.

■ **Info:** Ziegenfrischkäse ist, wie der Name schon sagt, ein noch frischer bzw. junger Ziegenkäse und dadurch im Aroma sehr mild. Je länger ein Ziegen- oder auch Schafskäse reift, umso ausgeprägter wird auch sein Aroma. Im Vergleich zu Käseprodukten von der Kuh sind die beiden anderen leichter zu verdauen und liegen nicht so schwer im Magen, was sehr gut ist für Menschen mit Laktoseintoleranz.

Weintipp: Gewürztraminer
Exclusiv Spätlese
Elfenhof, Neusiedler See
Halbtrocken

Eine Spätlese von allerbesten See-Lagen mit geringen Erträgen bei hoher Qualität. Faszinierend würziges Bukett und lang anhaltendes Aroma. Die goldgelbe Farbe, das unverkennbare Rosenaroma und niedrige Säure zählen zu seinen besonderen Eigenschaften.

Karamellisierte Bananen mit Sesam und Limone

ca. 10 Min.

8	**Baby-Bananen**	schälen
2 TL	Zucker	in einer Pfanne karamellisieren lassen
1 TL	**Sesam**	zufügen und goldgelb rösten, mit
1 Glas	Weißwein	ablöschen und wieder sämig einkochen lassen
2 Prisen	**Limonenabrieb**	und
1 Prise	Zimt	zusammen mit den Bananen in den Sud geben und in der Pfanne vorsichtig schwenken.

■ **Tipp:** Beim Verwenden von Limonen- oder Zitronenschale, die Frucht vorher abwaschen und nicht zu viel von der weißen Unterhaut verwenden, da diese bitter ist. Am besten immer auf Bioprodukte zurückgreifen, da diese nicht gespritzt wurden.

■ **Info:** Beim Kochen mit Wein oder anderen alkoholischen Zutaten verfliegt der Alkohol ab ca. 60 °C.

Weintipp: Château Cousteau Cadillac A.O.C.
Grand Vin de Bordeaux
Edelsüß

Edelsüßer Wein vom Garonne-Ufer gegenüber der Sauternes-Region. Aus den überreifen Trauben wird diese Weinspezialität nach traditionellen Methoden vinifiziert. Am Gaumen weich, üppig, mit viel Schmelz. Verführerisch im Finale. Kühl getrunken eine verlockende Verführung.

Mascarponecreme mit Maracujagelee

ca. 15 Min., zzgl. 30 Min. Kühlzeit

2 Blatt	**Gelatine**	in kaltem Wasser einweichen und dann ausdrücken
100 ml	Weißwein	mit
1 EL	Zucker	erhitzen, bis der Zucker sich aufgelöst hat, dann die weiche Gelatine zufügen.
5	**Maracujas**	vier Stück halbieren, Fruchtfleisch mit einem Löffel herausholen und mit dem Wein verrühren. Flüssigkeit in vier Gläser verteilen und gut 30 Minuten kaltstellen bis die Masse geliert.
400 g	**Mascarpone**	und
1 Päck.	Vanillezucker	mit einem Schneebesen verrühren und in die Gläser füllen. Die fünfte Maracuja halbieren und das Fruchtfleisch dekorativ über die Creme verteilen.
		Minze für Dekoration

■ **Tipp:** Mascarpone nicht zu stark bzw. zu lange mit dem Schneebesen rühren, weil er sonst, wie Sahne, gerinnen kann.

■ **Info:** Mascarpone ist ein italienischer Frischkäse, der aus Sahne gewonnen wird und dadurch einen hohen Fettanteil hat. Eine fettärmere Variante ist Mascarino.

Weintipp: Dulcis Umbria
Vino Liquoroso
Süßwein
Giorgio Lungarotti, Umbrien

Ein großer verführerischer Dessertwein von Giorgio Lungarotti. Der aus getrockneten weißen Trauben gewonnene Dulcis verströmt feinwürzigen Duft bei vollem aromatischem Geschmack und eleganter Edelsüße. Zu einem süßen Dessert sehr zu empfehlen.

Mit Sternanis pochierte Birne

ca. 30 Min.

4	**Birnen**	schälen
100 g	Zucker	in einem Topf karamellisieren lassen, mit
500 ml	**Weißwein**	ablöschen und die Birnen zufügen
1	Nelke,	
2	**Sternanis**,	
1	Vanilleschote	halbieren, Mark herausschaben und mit den beiden anderen Gewürzen zufügen. Mit Deckel die Birnen bei schwacher Hitze simmern lassen, bis diese weich sind. In der Flüssigkeit abkühlen lassen.

■ **Tipp:** Beim Karamellisieren nicht umrühren, sondern den Topf bewegen, damit sich der Zucker gleichmäßig verteilt. Auch nicht zu dunkel werden lassen, da sonst zu starke Bitterstoffe und Acrylamid entstehen.

■ **Info:** Acrylamid entsteht sprunghaft ab einer Temperatur von 170/180 °C. Gefährdet hierbei sind unter anderem Lebensmittel mit hohem Stärke- bzw. Zuckeranteil. Acrylamid wird unter anderem als krebserzeugend eingestuft.

Aus diesem Grund auch keine Butter beim Karamellisieren verwenden, da diese ab 160 °C auch anfängt zu verbrennen.

Weintipp: Auslese Cuvée
Chardonnay & Welschriesling
Weinlaubenhof Kracher

Alois Kracher begeistert die Fachleute in aller Welt und gehört zu den Winzern mit den meisten internationalen Auszeichnungen. Die Cuvée mit feinem Hauch von Grapefruit und Kräutern und dem Fruchtspiel von Williamsbirne besitzt eine elegante Struktur.

Menüvorschläge

Menü Italien
- Bruschetta mit Romatomaten und Rucola (S. 10)
- Cappuccino von der Kartoffel mit Trüffelaroma (S. 40)
- Saltimbocca von der Poularde (S. 78)
- Erdbeer-Limetten-Konfitüre (S. 144)

Menü Asia
- Tempura von Gambas und Gemüse (S. 20)
- Japanische Gemüsesuppe (S. 44)
- Teriyaki-Spieße (S. 82)
- Karamellisierte Bananen mit Sesam und Limone (S. 150)

Menü Fisch
- Gebackene Auster (S. 56)
- Hummer im Korianderaroma gebraten (S. 58)
- Medaillons von Seezunge & Lachs (S. 62)
- Gratinierter Ziegenfrischkäse mit Ahornsirup und gerösteten Pinienkernen (S. 148)

Menüvorschläge

Menü „Besonderer Anlass"
- Gebackene Auster (S. 56)
- Cappuccino von der Kartoffel mit Trüffelaroma (S. 40)
- Hummer im Korianderaroma gebraten (S. 58)
- Medaillons vom Rehrücken unter der Macadamianusskruste (S. 92)
- Crema catalana (S. 142)

Menü „Schnell"
- Bruschetta mit Romatomaten und Rucola (S. 10)
- Suppe von Curry, Kokos und roten Linsen (S. 52)
- Zander im Baconmantel gebraten (S. 68)
- Erdbeeren in Balsamico-Vanille-Aroma (S. 146)

Menü „Gut zum Vorbereiten"
- Mit Frischkäse gefüllte Zucchinirollen (S. 16)
- Gazpacho (S. 42)
- Satay vom Schwein (S. 96)
- Mascarponecreme mit Maracujagelee (S. 152)

Messerkunde

Die wohl wichtigsten bzw. heiligsten Arbeitsgeräte eines Koches sind seine Küchenmesser. In vielen Küchen gibt es sogar Kassen, in die ein Koch einzahlen muss, falls er ein Messer auf den Boden fallen lässt.

Kochmesser

Die Qualität eines guten Messers zeichnet sich sowohl durch die verwendeten Materialien als auch durch seine Verarbeitung aus. Gute Messer sind aus geschmiedetem und gehärtetem Stahl gefertigt. Außerdem liegen Welten zwischen einem handwerklich gearbeiteten Qualitätsprodukt und billiger, gestanzter Massenware. Nur wenn es sich um eine gute Qualität handelt und es sachgemäß benutzt wird, bleibt ein Messer lange scharf und lässt sich problemlos viele Male schleifen.

Santoku

Absolutes No-Go für ein Messer ist die Spülmaschine, da das Salz in der Maschine den Stahl angreift und die Klinge stumpf werden lässt.

In der Regel benötigt man in der Küche fünf Grundmesser.

1. Kochmesser, Santoku oder Nakiri

Das wichtigste Messer eines Kochs ist das **Kochmesser**. Man kann damit unter anderem Fleisch schneiden, Fische schuppen, Pfefferkörner zerdrücken u.v.m.

Nakiri

Diese Messer gibt es mit unterschiedlichen Klingenlängen: zwischen 15 und 26 cm. Die Klinge läuft nach vorne spitz zu, ist glatt und beidseitig geschliffen.

Das **Santoku** ist das japanische Kochmesser und besitzt im Unterschied zur europäischen Klingenform eine bis zu 6 cm breitere Klinge. Ich persönlich bevorzuge das Santoku, da es sehr gut zum Wiegen geeignet ist.

Ein **Nakiri** ist ein japanisches Gemüsemesser, das zum Hacken von Gemüse konzipiert wurde. Japaner schnitzen und schälen damit auch. Die Klingenform ist rechteckig und die Klinge kann ein- oder beidseitig geschliffen sein. Die Klingenlänge beträgt ca. 18 cm.

Messerkunde

Gemüsemesser

Schälmesser

Allzweckmesser

Brotmesser

2. Gemüsemesser

Ein kleines Messer mit einer Klingenlänge von ca. 9 cm, mit einer geraden Klingenschneide und einem gewölbten Klingenrücken. Geeignet zum Schneiden von Obst und Gemüse.

3. Schälmesser

Das Schälmesser, auch Tourniermesser genannt, besitzt eine gebogene Klinge, um rundes Obst wie Äpfel, Pfirsiche usw. so zu schälen, dass möglichst wenig von der Frucht verloren geht. Außerdem benutzt man es zum Tournieren (in Form bringen).
Die Klingenlänge beträgt ca. 8 cm.

4. Allzweckmesser

Ein kleiner unentbehrlicher Helfer in der Küche. Das Allzweckmesser besitzt eine schmale Klinge, die zwischen 9 und 15 cm lang ist und spitz zuläuft.

5. Brotmesser

Ein Messer mit einer langen, grob gerillten Klinge. Die Länge der Klinge ermöglicht es breite Brotlaibe durchzuschneiden, die groben Rillen verhindern ein Ausflocken der Brotscheibe. Aufgrund seines besonderen Schliffes ist das Brotmesser von Kai unschlagbar. Außerdem lernt man mit einem Brotmesser richtig zu schneiden, da man die Schneidebewegung (vom Körper weg und wieder zum Körper hin) ausführen muss, um das bestmögliche Schneideergebnis zu erzielen.

Küchenausstattung

Frische Nahrungsmittel schmecken nicht nur besser, in ihnen stecken auch alle Stoffe, die wir brauchen, um gesund und fit zu bleiben. Damit sich der Einkauf lohnt, müssen wir mit diesen hochwertigen Lebensmitteln natürlich sorgsam umgehen – beim Lagern, beim Zubereiten und beim Kochen. Nur dann bleiben die wertvollen Inhaltsstoffe erhalten und sorgen für höchsten und gesunden Genuss.

Vor jedem guten Essen gibt es eine Menge kleiner Vorbereitungen: frische Kräuter klein hacken, Eischnee schlagen, Saucen pürieren und, und, und. Viele kleine Küchenhelfer erleichtern mittlerweile die Küchenarbeit und lassen uns die Dinge im Handumdrehen erledigen. Stab- und Standmixer, Handrührer, Universalzerkleinerer, Entsafter, Zitruspresse, Allesschneider und die Küchenwaage – ohne diese cleveren Assistenten wären wir heute so manches Mal völlig aufgeschmissen.

Küchenausstattung

Doch was wären wir ohne Herd und Kühlschrank? Diese beiden Großen sind aus unserem Küchenalltag nicht mehr wegzudenken. Aber wir wollen immer mehr. Nur erhitzen und kühlen reicht uns nicht mehr aus. Komfortable Bedienung, reinigungsfreundliche Materialien und Hygiene sind Mindeststandards geworden und so richtig dekadent mag es uns heute auch gar nicht mehr erscheinen, einen sich selbst reinigenden Backofen zu haben, nicht zu vergessen einen energieeffizienten, bakterienabwehrenden Kühlschrank.

Wo einst ein Glaskeramikkochfeld das Nonplusultra war, ist heute ein Induktionskochfeld der Traum aller Kochbegeisterten, schnell, energiesparend und sicher, wird doch nur noch das heiß, was auch wirklich heiß werden soll.

Besser geht also immer! Und angenehmer sowieso! Inspiration für all die schönen lebenserleichternden Dinge finden Sie unter http://www.bosch-hausgeraete.de.

Register

Ahornsirup
Gratinierter Ziegenfrischkäse
  mit Ahornsirup und
  gerösteten Pinienkernen 148
Amaretto
Maronensuppe 48
Ananas
Ananas-Salsa 101
Auster
Gebackene Auster 56
Avocado
Avocado-Orangen-Salat mit
  gerösteten Pinienkernen 24
Baby-Banane
Karamellisierte Bananen
  mit Sesam und Limone 150
Bacon
Rinderlende im Baconmantel
  mit Rosmarinbutter 94
Zander im Baconmantel gebraten 68
Balsamico
Champignons in Balsamico 26
Erdbeeren in
  Balsamico-Vanille-Aroma 146
Gazpacho 42
Piccata von der Hähnchenbrust
  auf Tomatensugo 76
Basilikum
Eingelegte Karotten 118
Beizlachs
Kartoffelrösti mit Beizlachs
  und Zitronen-Crème-fraîche 13
Birne
Mit Sternanis pochierte Birne 154
Blattpetersilie
Hummer im Korianderaroma
  gebraten 58
Maisplätzchen 122
Scharfe Kräuterbutter 108
Brötchen
Serviettenknödel 137
Champignon
Champignons in Balsamico 26
Chilischote
Ananas-Salsa 101
Gegrilltes Lammfilet
  auf Rosmarinspießen 90

Scharfe Kräuterbutter 108
Süßsaurer Gurken-Chili-Dip 110
Crème fraîche
Kartoffelrösti mit Beizlachs
  und Zitronen-Crème-fraîche 13
Kleine Kartoffeln mit Crème fraîche
  und Forellenkaviar 14
Dicke Bohne
Dicke Bohnen in Thymianrahm 114
Dill
Gurken-Dill-Salat mit Shrimps 28
„Rollmops" von der Rotbarbe 32
Ei
Aïoli 100
Crema catalana 142
Gebackene Auster 56
Haselnuss-Spätzle 130
Maisplätzchen 122
Pizza-Muffins 18
Rucolagnocchi 134
Safrannudeln 136
Serviettenknödel 137
Tempura von Gambas
  und Gemüse 20
Entenbrust
Mit Honig und Sojasauce
  gelackte Entenbrust 74
Entrecôte
Gegrilltes Entrecôte in
  der Zitronengrasmarinade 88
Erdbeere
Erdbeer-Limetten-Konfitüre 144
Erdbeeren in
  Balsamico-Vanille-Aroma 146
Forellenkaviar
Kleine Kartoffeln mit Crème fraîche
  und Forellenkaviar 14
Frischkäse
Mit Frischkäse gefüllte
  Zucchinirollen 16
Frühlingslauch
Tempura von Gambas
  und Gemüse 20
Teriyaki-Spieße 82
Gamba
Gebratene Gambas mit
  Ingwer & jungem Knoblauch 12

Tempura von Gambas
  und Gemüse 20
Geflügelfleisch
Teriyaki-Spieße 82
Gelatine
Mascarponecreme
  mit Maracujagelee 152
Gelierzucker
Erdbeer-Limetten-Konfitüre 144
Grana Padano
Getrüffelter Maisgrieß 128
Marinierte Paprika 30
Piccata von der Hähnchenbrust
  auf Tomatensugo 76
Pizza-Muffins 18
Rucolapesto 106
Safranrisotto 138
Salat von grünem Spargel
  mit gehobeltem Grana Padano 36
Grieß
Safrannudeln 136
Hähnchenbrust
Piccata von der Hähnchenbrust
  auf Tomatensugo 76
Hartweizengrieß
Rucolagnocchi 134
Haselnussgrieß
Haselnuss-Spätzle 130
Himbeeressig
Rote-Bete-Salat in
  Schalotten-Himbeer-Vinaigrette 34
Honig
Avocado-Orangen-Salat
  mit gerösteten Pinienkernen 24
Champignons in Balsamico 26
„Drum Sticks" mit
  Limone, Honig und Knoblauch 72
Erdbeeren in
  Balsamico-Vanille-Aroma 146
Mangochutney 102
Mit Honig und Sojasauce
  gelackte Entenbrust 74
Rinderlende im Baconmantel
  mit Rosmarinbutter 94
Rotweinschalotten 104
Hühnerunterschenkel
„Drum Sticks" mit
  Limone, Honig und Knoblauch 72

Register

Hummer
Hummer im Korianderaroma
   gebraten   58

Ingwer
Gebratene Gambas mit
   Ingwer & jungem Knoblauch   12
Tandoori-Poularde   80

Kalbsrücken
Kalbsrückenscheiben in
   Salbei-Kapern-Butter gebraten   89

Kaninchenkeule
Gefüllte Kaninchenkeule in
   Aromaten gebraten   86

Kapernapfel
Kalbsrückenscheiben in
   Salbei-Kapern-Butter gebraten   89

Karotte
Eingelegte Karotten   118
Gemüsenudeln   120
Japanische Gemüsesuppe   44

Kartoffel
Cappuccino von der Kartoffel
   mit Trüffelaroma   40
Kartoffelrösti mit Beizlachs
   und Zitronen-Crème-fraîche   13
Kleine Kartoffeln mit Crème fraîche
   und Forellenkaviar   14
Lachs im Kartoffelspaghetti-
   mantel gebraten   60
Rosmarinkartoffeln   132
Rucolagnocchi   134

Ketjap Manis
Thunfisch mit süßer Sojasauce
   und Lauchstroh   64

Knoblauch
Aïoli   100
Bruschetta mit Romatomaten
   und Rucola   10
Champignons in Balsamico   26
„Drum Sticks" mit
   Limone, Honig und Knoblauch   72
Eingelegte Karotten   118
Gazpacho   42
Gebratene Gambas mit
   Ingwer & jungem Knoblauch   12
Gefüllte Kaninchenkeule in
   Aromaten gebraten   86
Gegrilltes Entrecôte in
   der Zitronengrasmarinade   88
Gegrilltes Lammfilet auf
   Rosmarinspießen   90
Hummer im Korianderaroma
   gebraten   58
Involtini von der Putenbrust   73
Maisplätzchen   122
Marinierte Paprika   30
Mediterranes Gemüse   124
Mit Frischkäse gefüllte
   Zucchinirollen   16
Piccata von der Hähnchenbrust
   auf Tomatensugo   76
Rosmarinkartoffeln   132
Rucolapesto   106
Safranrisotto   138
Scharfe Kräuterbutter   108
Thunfisch mit süßer Sojasauce
   und Lauchstroh   64

Kohlrabi
Gemüsenudeln   120

Kokosmilch
Satay vom Schwein   96
Suppe von Curry, Kokos und
   roten Linsen   52

Koriander
Hummer im Korianderaroma
   gebraten   58

Kräuter
Serviettenknödel   137

Kurkuma
Haselnuss-Spätzle   130
Satay vom Schwein   96

Lachsfilet
Lachs im Kartoffelspaghetti-
   mantel gebraten   60
Medaillons von Seezunge & Lachs   62
Wasabi-Lachs in Reispapier
   gebraten   66

Lammfilet
Gegrilltes Lammfilet auf
   Rosmarinspießen   90

Lauch
Thunfisch mit süßer Sojasauce
   und Lauchstroh   64

Limette
Erdbeer-Limetten-Konfitüre   144

Limone
Ananas-Salsa   101
„Drum Sticks" mit
   Limone, Honig und Knoblauch   72
Karamellisierte Bananen
   mit Sesam und Limone   150
Kleine Kartoffeln mit Crème fraîche
   und Forellenkaviar   14
Scharfe Kräuterbutter   108

Linse, rot
Suppe von Curry, Kokos und
   roten Linsen   52

Lorbeerblatt
Eingelegte Karotten   118
Mangochutney   102
„Rollmops" von der Rotbarbe   32

Macadamianuss
Medaillons vom Rehrücken
   unter der Macadamianusskruste   92

Mais
Maisplätzchen   122

Maisgrieß
Getrüffelter Maisgrieß   128

Mango
Kürbiscremesuppe   46
Mangochutney   102

Maracuja
Mascarponecreme mit
   Maracujagelee   152

Marone
Maronensuppe   48

Mascarpone
Mascarponecreme mit
   Maracujagelee   152

Meersalz, grob
Rosmarinkartoffeln   132

Muskatkürbis
Kürbiscremesuppe   46

Nelke
Eingelegte Karotten   118
Mangochutney   102
Mit Sternanis pochierte Birne   154
„Rollmops" von der Rotbarbe   32

Nudel
Gemüsenudeln   120

Öl
Aïoli   100
„Drum Sticks" mit
   Limone, Honig und Knoblauch   72

Register

Gurken-Dill-Salat mit Shrimps 28
Satay vom Schwein 96
Oliven
Pizza-Muffins 18
Olivenöl
Bruschetta mit Romatomaten
 und Rucola 10
Eingelegte Karotten 118
Gazpacho 42
Gegrilltes Entrecôte in
 der Zitronengrasmarinade 88
Gegrilltes Lammfilet auf
 Rosmarinspießen 90
Marinierte Paprika 30
Mit Frischkäse gefüllte
 Zucchinirollen 16
Pizza-Muffins 18
Rucolapesto 106
Safrannudeln 136
Salat von grünem Spargel
 mit gehobeltem Grana Padano 36
Orange
Avocado-Orangen-Salat
 mit gerösteten Pinienkernen 24
Mit Honig und Sojasauce
 gelackte Entenbrust 74
Paprika
Gazpacho 42
Marinierte Paprika 30
Mediterranes Gemüse 124
Parmaschinken
Involtini von der Putenbrust 73
Saltimbocca von der Poularde 78
Petersilie
Gebackene Auster 56
Petersilienwurzel
Petersilienwurzelcreme 50
Pfefferkorn, rosa
Gegrilltes Entrecôte in
 der Zitronengrasmarinade 88
Pinienkern
Avocado-Orangen-Salat
 mit gerösteten Pinienkernen 24
Gratinierter Ziegenfrischkäse
 mit Ahornsirup und
 gerösteten Pinienkernen 148
Rucolapesto 106

Poulardenbrust
Saltimbocca von der Poularde 78
Tandoori-Poularde 80
Putenbrust
Involtini von der Putenbrust 73
Rehrücken
Medaillons vom Rehrücken
 unter der Macadamianusskruste 92
Reisessig
Süßsaurer Gurken-Chili-Dip 110
Reispapier
Wasabi-Lachs in Reispapier
 gebraten 66
Rettich
Japanische Gemüsesuppe 44
Rindermedaillon
Rinderlende im Baconmantel
 mit Rosmarinbutter 94
Risottoreis
Safranrisotto 138
Romatomate
Bruschetta mit Romatomaten
 und Rucola 10
Rosmarin
Gegrilltes Lammfilet auf
 Rosmarinspießen 90
Rosmarinkartoffeln 132
Rotbarbe
„Rollmops" von der Rotbarbe 32
Rote Bete
Rote-Bete-Salat in
 Schalotten-Himbeer-Vinaigrette 34
Rotwein
Rinderlende im Baconmantel
 mit Rosmarinbutter 94
Rotweinschalotten 104
Rucola
Bruschetta mit Romatomaten
 und Rucola 10
Rucolagnocchi 134
Rucolapesto 106
Safran
Safrannudeln 136
Safranrisotto 138
Sahne
Cappuccino von der Kartoffel
 mit Trüffelaroma 40

Crema catalana 142
Dicke Bohnen im Thymianrahm 114
Gefüllte Kaninchenkeule in
 Aromaten gebraten 86
Karamellisiertes Sauerkraut 116
Kürbiscremesuppe 46
Maronensuppe 48
Medaillons von Seezunge & Lachs 62
Petersilienwurzelcreme 50
Wirsinggemüse 117
Salami
Pizza-Muffins 18
Salatgurke
Gazpacho 42
Gurken-Dill-Salat mit Shrimps 28
Süßsaurer Gurken-Chili-Dip 110
Salbei
Kalbsrückenscheiben in
 Salbei-Kapern-Butter gebraten 89
Saltimbocca von der Poularde 78
Sauerkraut
Karamellisiertes Sauerkraut 116
Saure Sahne
Petersilienwurzelcreme 50
Schalotte
Champignons in Balsamico 26
Dicke Bohnen in Thymianrahm 114
Medaillons vom Rehrücken
 unter der Macadamianusskruste 92
Piccata von der Hähnchenbrust
 auf Tomatensugo 76
Rinderlende im Baconmantel
 mit Rosmarinbutter 94
Rotweinschalotten 104
Schweinefilet
Satay vom Schwein 96
Seezungenfilet
Medaillons von Seezunge & Lachs 62
Semmelbrösel
Medaillons vom Rehrücken
 unter der Macadamianusskruste 92
Senf
Gegrilltes Entrecôte in
 der Zitronengrasmarinade 88
Gurken-Dill-Salat mit Shrimps 28
Involtini von der Putenbrust 73
„Rollmops" von der Rotbarbe 32

Register

Sesam
Karamellisierte Bananen
  mit Sesam und Limone 150
Shiitake
Japanische Gemüsesuppe 44
Tempura von Gambas und
  Gemüse 20
Shrimp
Gurken-Dill-Salat mit Shrimps 28
Sojasauce
Japanische Gemüsesuppe 44
Mit Honig und Sojasauce
  gelackte Entenbrust 74
Spargel, grün
Salat von grünem Spargel
  mit gehobeltem Grana Padano 36
Speckwürfel
Serviettenknödel 137
Wirsinggemüse 117
Sprudel
Haselnuss-Spätzle 130
Sternanis
Mit Sternanis pochierte Birne 154
Tandooripulver
Tandoori-Poularde 80
Teriyakisauce
Lachs im Kartoffelspaghetti-
  mantel gebraten 60
Teriyaki-Spieße 82
Thunfisch
Thunfisch mit süßer Sojasauce
  und Lauchstroh 64
Thymian
Dicke Bohnen im Thymianrahm 114
Mit Frischkäse gefüllte
  Zucchinirollen 16
Rinderlende im Baconmantel
  mit Rosmarinbutter 94
Rotweinschalotten 104
Toast
Gebackene Auster 56
Tomate
Gazpacho 42
Mediterranes Gemüse 124
Piccata von der Hähnchenbrust
  auf Tomatensugo 76

Tomate, getrocknet
Gefüllte Kaninchenkeule in
  Aromaten gebraten 86
Involtini von der Putenbrust 73
Tomatenmark
„Drum Sticks" mit
  Limone, Honig und Knoblauch 72
Trüffelbutter
Getrüffelter Maisgrieß 128
Trüffelöl
Cappuccino von der Kartoffel
  mit Trüffelaroma 40
Vanilleschote
Crema catalana 142
Mit Sternanis pochierte Birne 154
Vanillezucker
Erdbeeren in
  Balsamico-Vanille-Aroma 146
Mascarponecreme mit
  Maracujagelee 152
Wasabi
Wasabi-Lachs in Reispapier
  gebraten 66
Weißbrot
Bruschetta mit Romatomaten
  und Rucola 10
Weißwein
Karamellisierte Bananen
  mit Sesam und Limone 150
Karamellisiertes Sauerkraut 116
Kürbiscremesuppe 46
Mangochutney 102
Maronensuppe 48
Mascarponecreme mit
  Maracujagelee 152
Mit Sternanis pochierte Birne 154
Safranrisotto 138
„Rollmops" von der Rotbarbe 32
Wirsing
Wirsinggemüse 117
Zanderfilet
Zander im Baconmantel gebraten 68
Ziegenfrischkäse
Gratinierter Ziegenfrischkäse
  mit Ahornsirup und
  gerösteten Pinienkernen 148

Zimt
Crema catalana 142
Karamellisierte Bananen
  mit Sesam und Limone 150
Zitrone
Aïoli 100
Avocado-Orangen-Salat
  mit gerösteten Pinienkernen 24
Eingelegte Karotten 118
Kalbsrückenscheiben in
  Salbei-Kapern-Butter gebraten 89
Kartoffelrösti mit Beizlachs
  und Zitronen-Crème-fraîche 13
Kleine Kartoffeln mit Crème fraîche
  und Forellenkaviar 14
Marinierte Paprika 30
Salat von grünem Spargel
  mit gehobeltem Grana Padano 36
Tandoori-Poularde 80
Zitronenblatt
Suppe von Curry, Kokos und
  roten Linsen 52
Zitronengras
Gegrilltes Entrecôte in
  der Zitronengrasmarinade 88
Zucchino
Mediterranes Gemüse 124
Mit Frischkäse gefüllte
  Zucchinirollen 16
Zwiebel, rot
Rote-Bete-Salat in
  Schalotten-Himbeer-Vinaigrette 34

Basics

Essig
Öl
Butter

Salz
Pfeffer
Curry
Cayenne
Paprika-Gewürz
Zucker
Brühe, gekörnt ohne Glutamat
Nelke
Lorbeerblatt
Zimt
Kräuter der Provence
Muskatnuss

Senf
Honig

Eier
Milch

Mehl
Stärke
Backpulver
Trockenhefe
Kartoffelstärke

Knoblauch
Zwiebel/Schalotte
Zitrone/Limone

Weißwein
Rotwein
Tomatenmark

Zahnstocher
Küchengarn
(Bambus-)Spieße

Dank

Für die freundliche und großzügige Unterstützung bei der Realisierung dieses Buches bedanken wir uns herzlich bei unseren Partnern:

Franz Hönekopp KG
Feinkost aus Fernost
Schellbergstraße 24
41469 Neuss
Tel.: +49(0)2131/125860
www.wankwai.de
info@wankwai.de

Brogsitter Weingüter
Privat-Sektkellerei
Exklusiv-Importe GmbH
Max-Planck-Str. 1
53501 Grafschaft
Tel.: +49(0) 2225/918 111
www.brogsitter.de
verkauf@brogsitter.de

Arla Foods GmbH Deutschland
Großenbaumer Weg 6
40472 Düsseldorf
Tel.: +49(0)211/47 23 10
Fax: +49(0)211/47 23 1 66
www.buko.de
info.de@arlafoods.com

Kikkoman Trading Europe GmbH
Theodorstraße 293
40472 Düsseldorf
Tel.: +49(0)211/5 37 59 40
Fax: +49(0) 211/5 37 95 55
www.kikkoman.de
info@kte.de

Herbert Kluth (GmbH & Co. KG)
Internationale
Naturkost-Spezialitäten seit 1928
Heidekoppel 31
24558 Henstedt-Ulzburg
Tel.: +49(0) 4193/96 62-0
Fax: +49(0) 4193/96 62-32
www.kluth.com
info@kluth.com

Kai Europe GmbH
Löhdorfer Straße 51
42699 Solingen
Tel.: +49 (0) 212 23 23 80
Fax: +49 (0) 212 23 23 899
www.kai-europe.com
info@kai-europe.com

Consorzio tutela Grana Padano
via XXIV Giugno 8
25015 Desenzano del Garda (BS)
Italien
Tel.: +39 (0) 30 9 10 98 11
Fax: +39 (0) 30 9 91 04 87
www.granapadano.com
info@granapadano.it

Robert Bosch Hausgeräte GmbH
Carl-Wery-Straße 34
81739 München
Tel.: +49 (0) 89/45 90-00
Fax: +49 (0) 89/45 90-23 47
www.bosch-hausgeraete.de
bosch-infoteam@bshg.com

Impressum

© 2008 Neuer Umschau Buchverlag GmbH,
Neustadt an der Weinstraße

Rezepte
Carsten Dorhs, Remagen

Fotografie
Jürgen Holz, Köln

Herstellung
Tatjana Beimler

Gestaltung, Satz und Reproduktion
Meyle+Müller GmbH+Co. KG, Pforzheim
www.meyle-mueller.de

Covergestaltung
komplus – Marketing und Kommunikation GmbH
Sylvia Wähler, Heidelberg

Druck und Verarbeitung
Druckkollektiv, Gießen

Printed in Germany

ISBN: 978-3-85628-603-1

Alle Rechte der Verbreitung in deutscher Sprache, auch durch Film, Funk, Fernsehen, fotomechanische Wiedergabe, Tonträger jeder Art, auszugsweisen Nachdruck oder Einspeicherung und Rückgewinnung in Datenverarbeitungsanlagen, sind vorbehalten.

Die Ratschläge in diesem Buch sind von den Autoren und dem Verlag sorgfältig erwogen und geprüft, dennoch kann eine Garantie nicht übernommen werden. Eine Haftung der Autoren und des Verlages für Personen-, Sach- und Vermögensschäden ist ausgeschlossen.
Soweit nicht anders beschrieben, sind alle Rezeptangaben für vier Personen gerechnet.

Bildnachweis:
Arla Foods GmbH Deutschland (S. 16)
Aurora Mühlen GmbH (S. 134, S. 136)
Bonduelle Deutschland GmbH (S. 122)
Breisgaumilch GmbH (S. 50)
Consorzio Tutela Grana Padano (S. 18, S. 30, S. 36, S. 76, S. 106, S. 128, S. 138)
Fuchs Gewürze GmbH (S. 88, S. 102, S. 166)
Galbani (S. 152)
Kai Europe GmbH (S. 158, S. 159)
Kikkoman Trading Europe GmbH (S. 60)
Kluth GmbH & Co. KG (S. 24, S. 106, S. 148, S. 150)
Lactalis Deutschland GmbH (S. 13, S. 14)
Monari Federzoni Spa (S. 26, S. 146, S. 166)
Müller's Mühle GmbH (S. 52)
Robert Bosch Hausgeräte GmbH (S. 160, S. 161)
Staatliche Molkerei Weihenstephan GmbH & Co. KG (S. 40, S. 46, S. 48, S. 50, S. 62, S. 86, S. 114, S. 116, S. 117, S. 142)
Heike Heckl (S. 66)

Weinfotografie
Brogsitter Weingüter
Privat-Sektkellerei
Exklusiv-Importe GmbH